QUINO

QUINOTERAPIA

EDICIONES DE LA FLOR

Decimosexta edición: septiembre de 2003

Ediciones de la Flor S.R.L.
Gorriti 3695, C1172ACE Buenos Aires, Argentina.
www.edicionesdelaflor.com.ar

Hecho el depósito que dispone la ley 11.723
Impreso en la Argentina
Printed in Argentina

ISBN 950-515-640-5

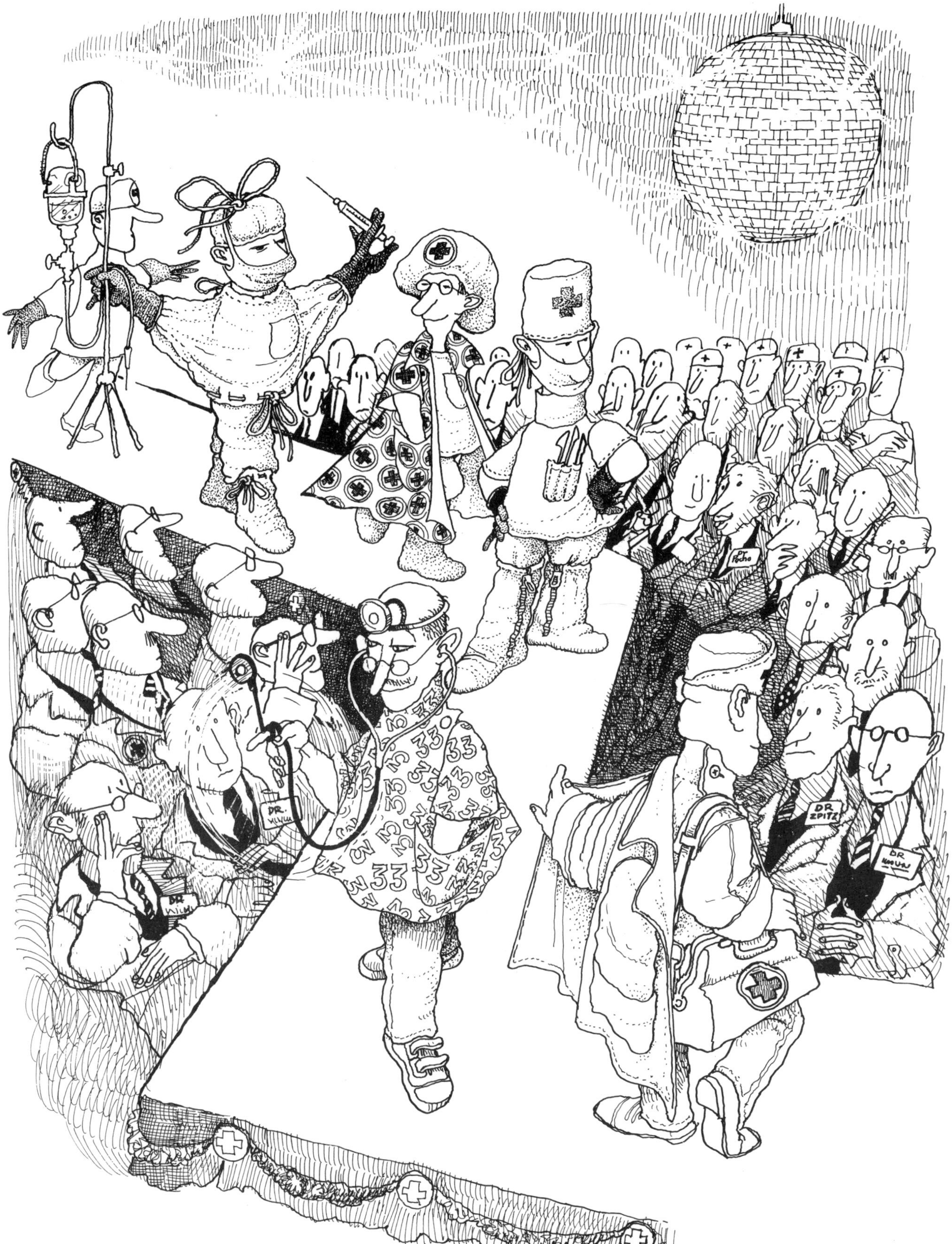
Dr Pocho
DR ZPITZ

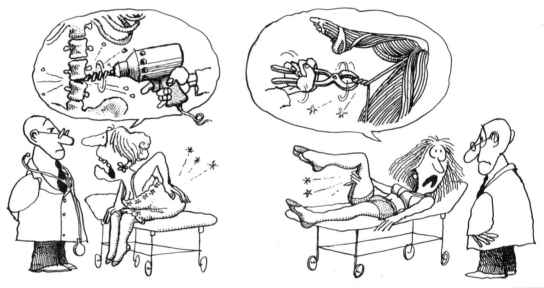

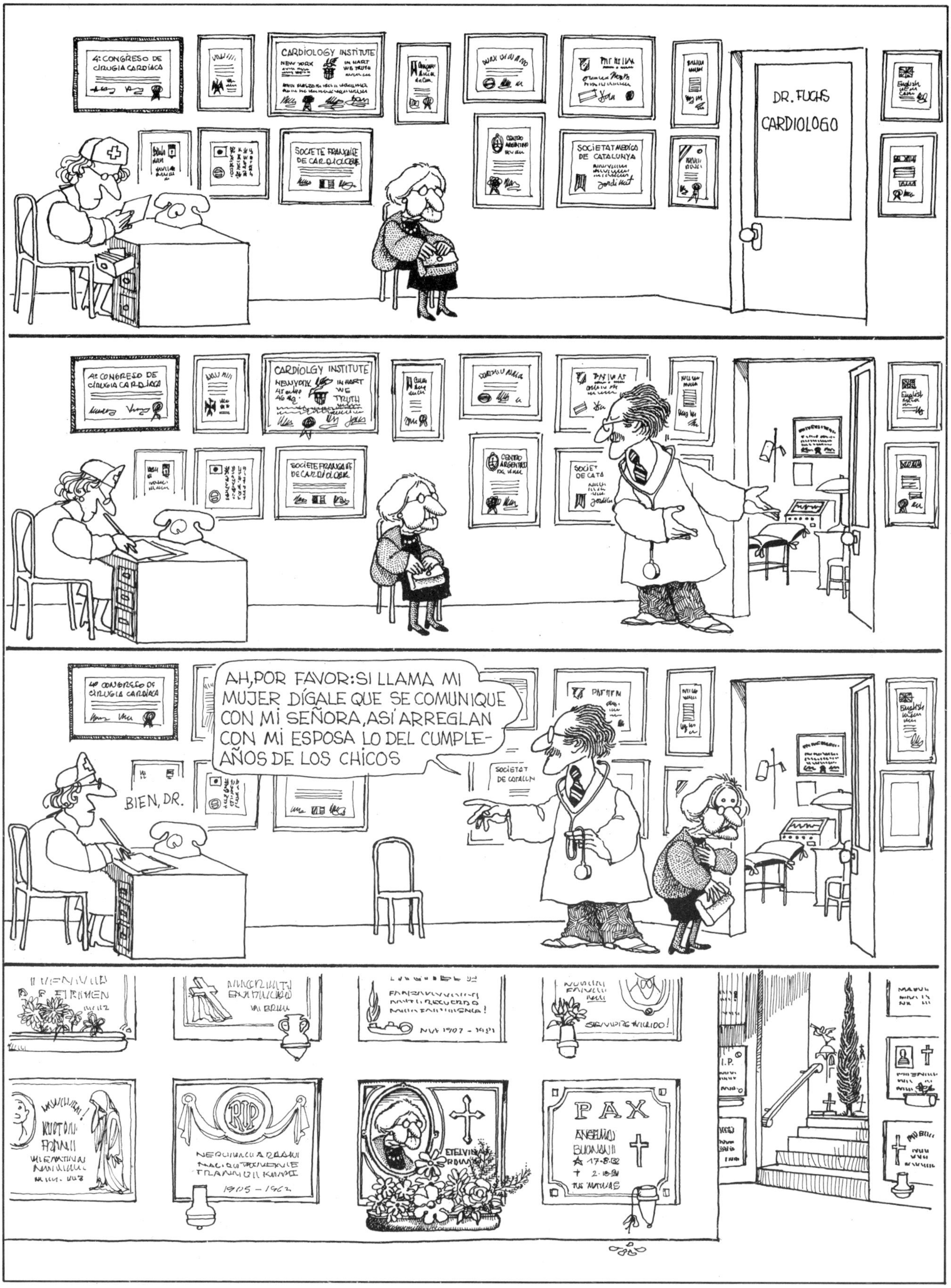

4º CONGRESO DE CIRUGIA CARDIACA
CARDIOLOGY INSTITUTE
NEW YORK
IN HART WE TRUTH
SOCIETE FRANÇAISE DE CARDIOLOGIE
SOCIETAT MEDICA DE CATALUNYA
DR. FUCHS
CARDIOLOGO
AH, POR FAVOR: SI LLAMA MI MUJER DÍGALE QUE SE COMUNIQUE CON MI SEÑORA, ASÍ ARREGLAN CON MI ESPOSA LO DEL CUMPLEAÑOS DE LOS CHICOS
BIEN, DR.
RIP
1905 – 1962
PAX

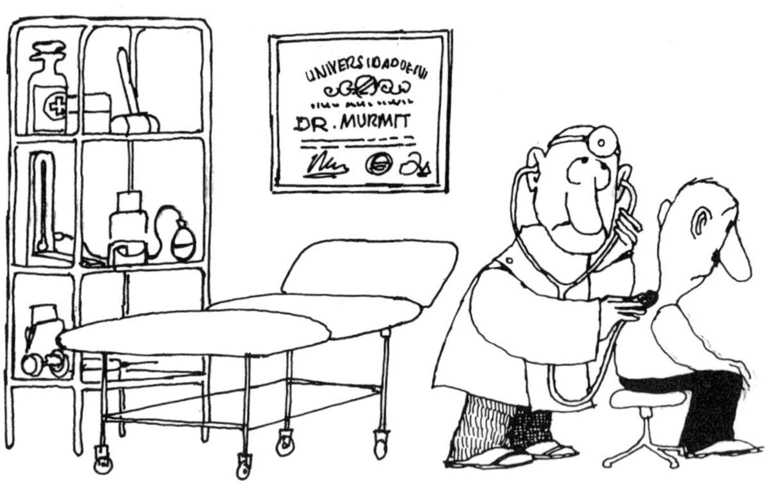
DR. MURMIT

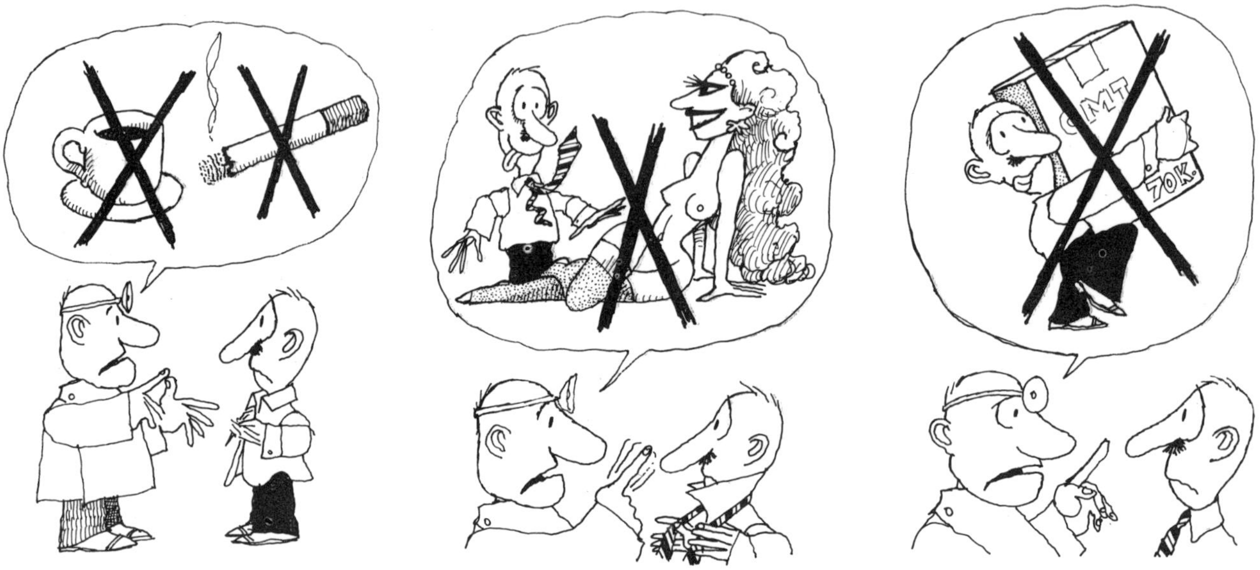
70K.

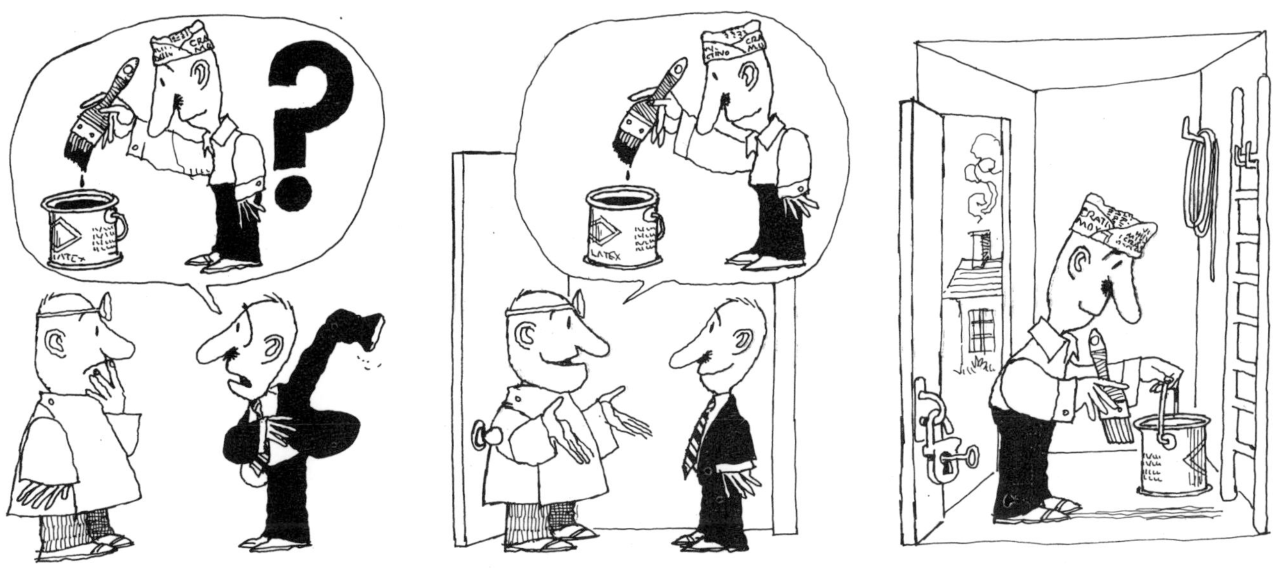
LATEX
LATEX

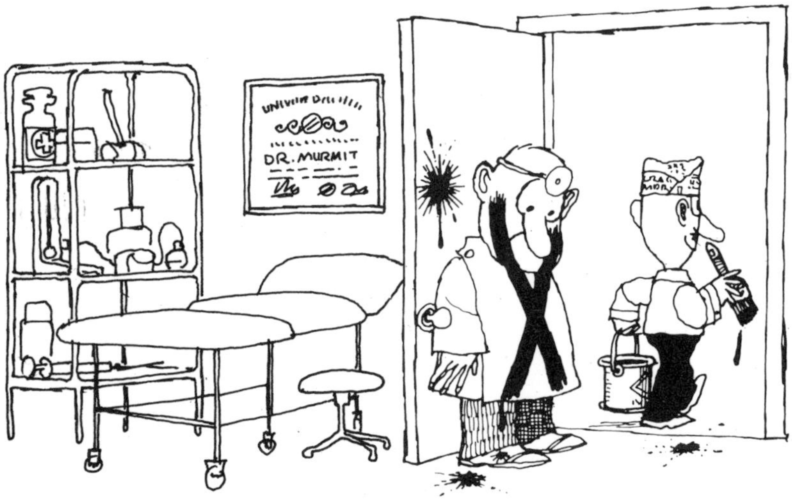
DR. MURMIT

UNA COSA LE ADVIERTO, DR: LLEGA UD. A DESCUBRIRME ALGO GRAVE.....
¡TENDRÁ QUE VERSELAS CON MIS ABOGADOS!

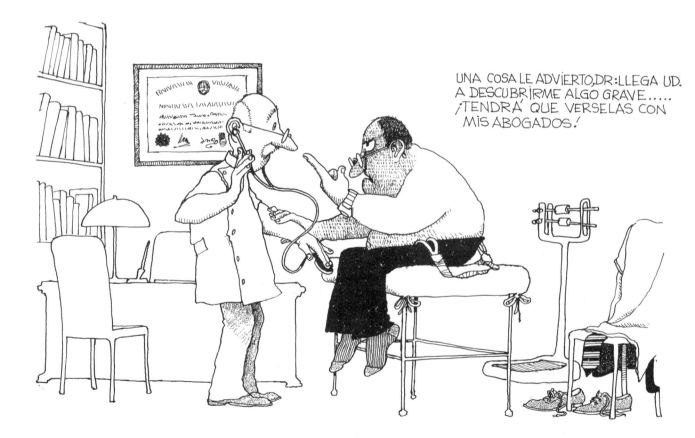

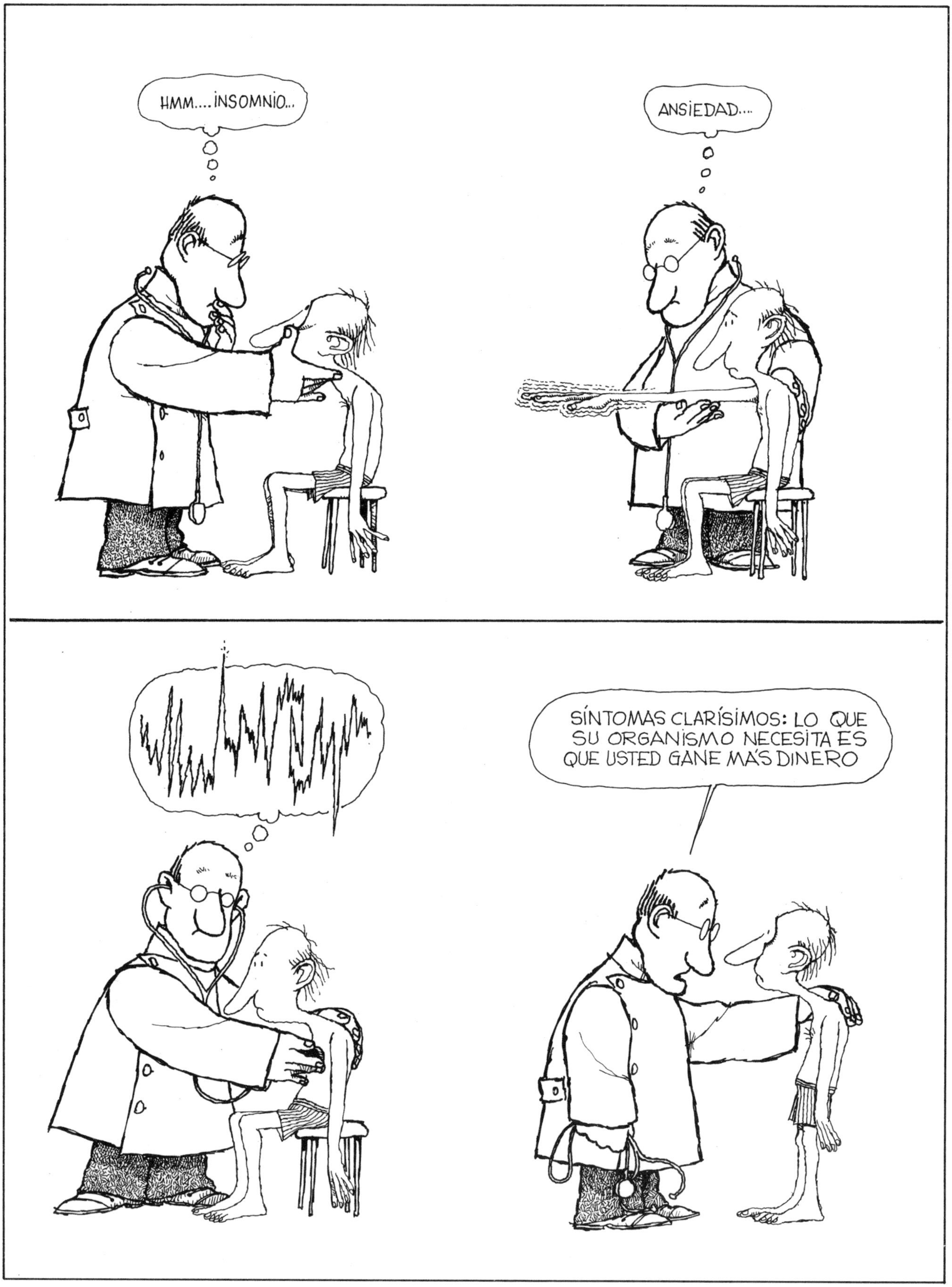
HMM.... INSOMNIO...
ANSIEDAD....
SÍNTOMAS CLARÍSIMOS: LO QUE SU ORGANISMO NECESITA ES QUE USTED GANE MÁS DINERO

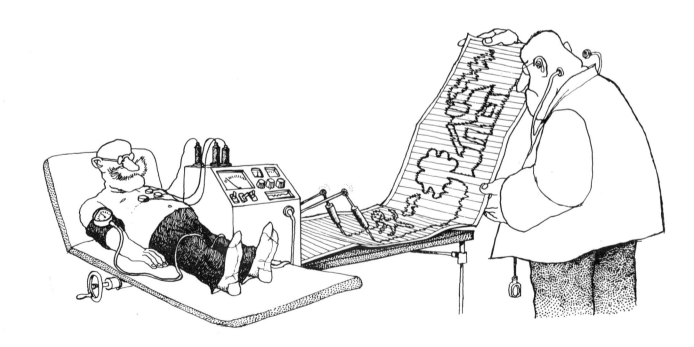

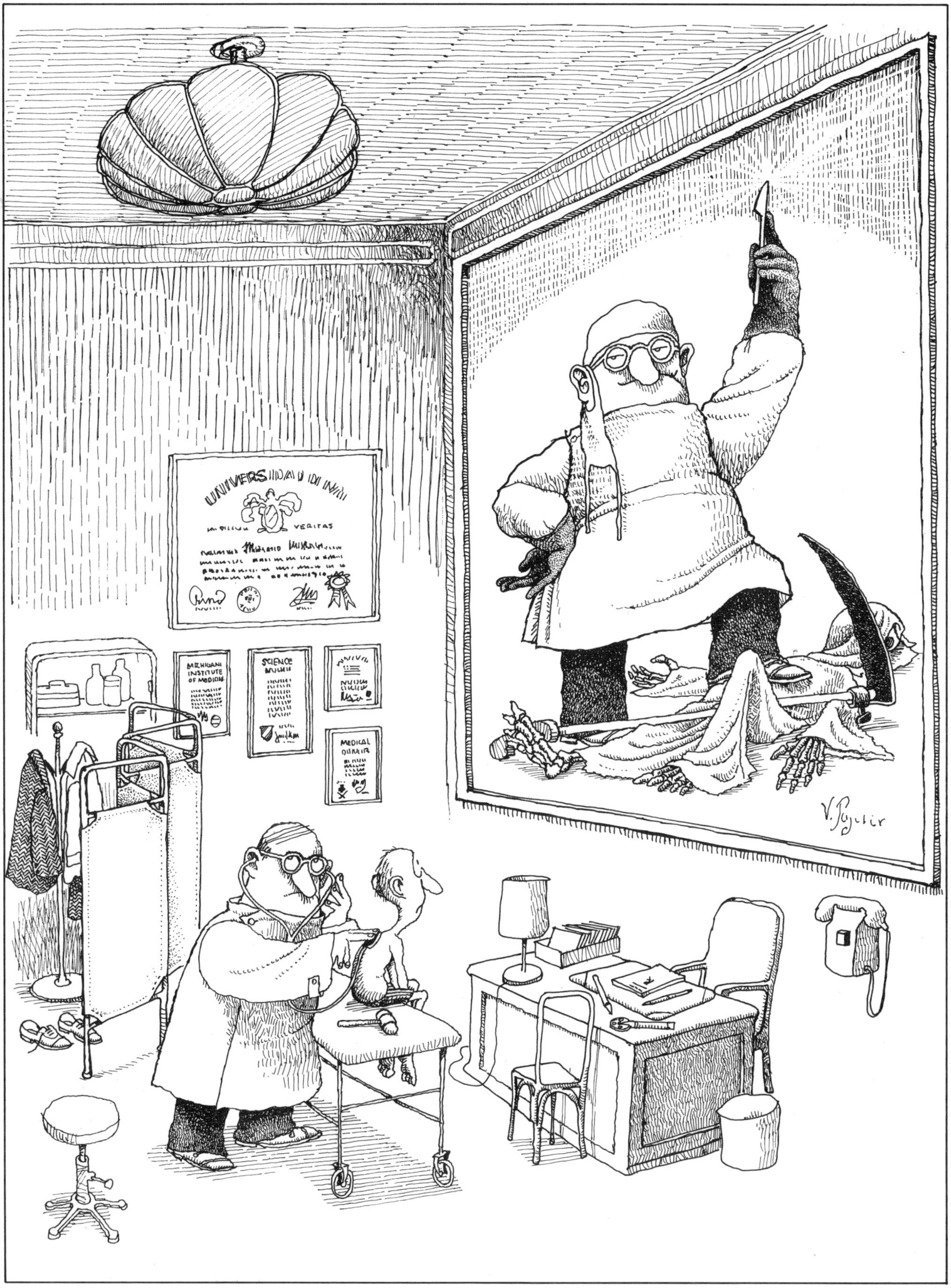
VERITAS
SCIENCE
MEDICAL

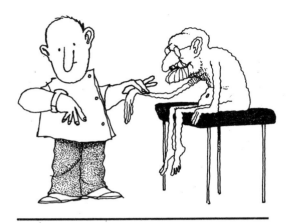

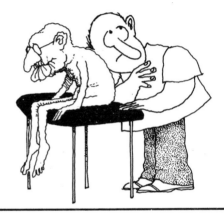

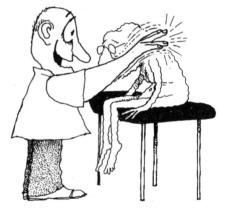

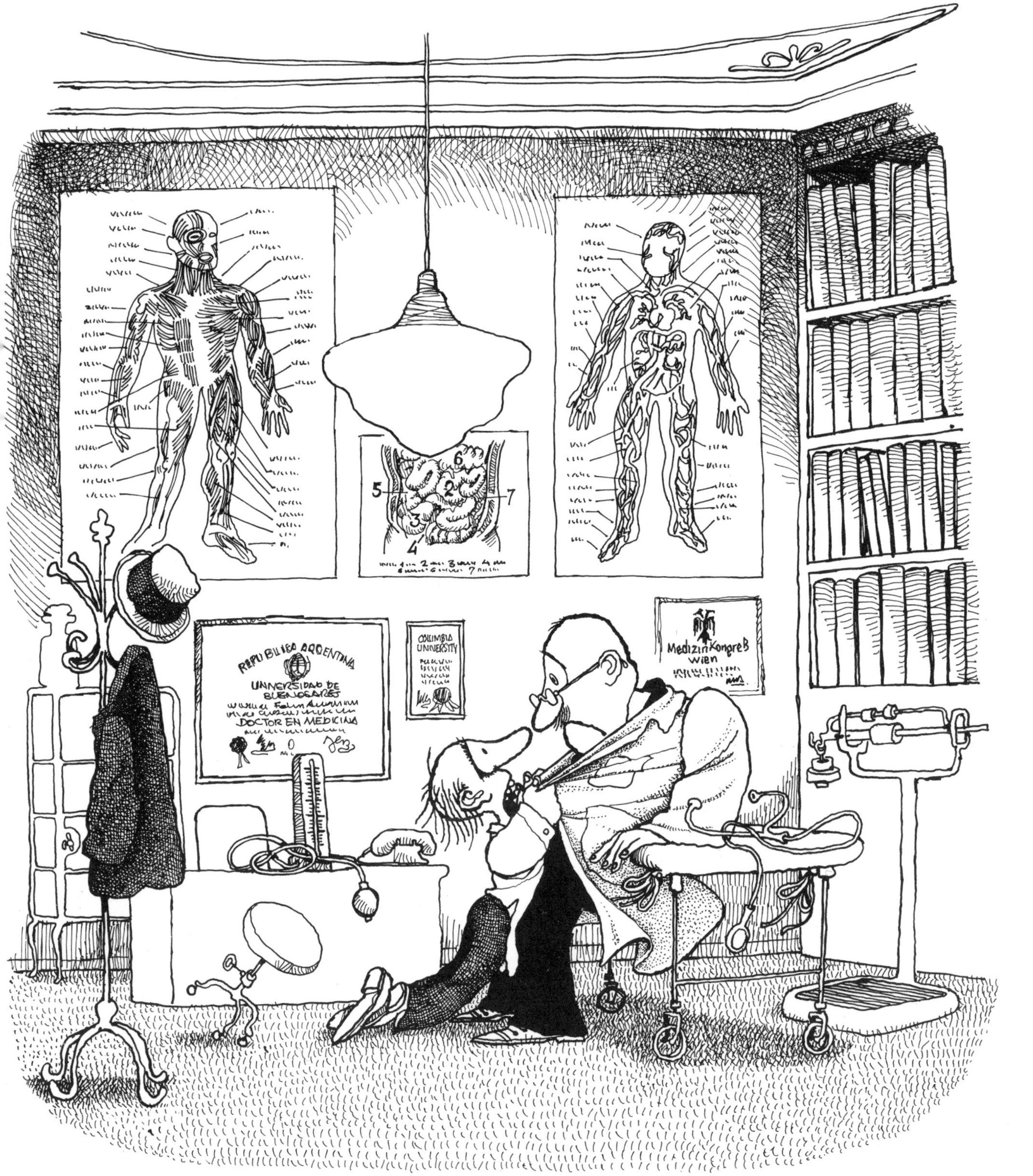
REPUBLICA ARGENTINA
UNIVERSIDAD DE BUENOS AIRES
DOCTOR EN MEDICINA
COLUMBIA UNIVERSITY
Medizin Kongreß Wien

—¡ POR TERRIBLE QUE SEA QUIERO SABER LA VERDAD, DOCTOR: ¿SER UN SER HUMANO ES UNA ENFERMEDAD INCURABLE?

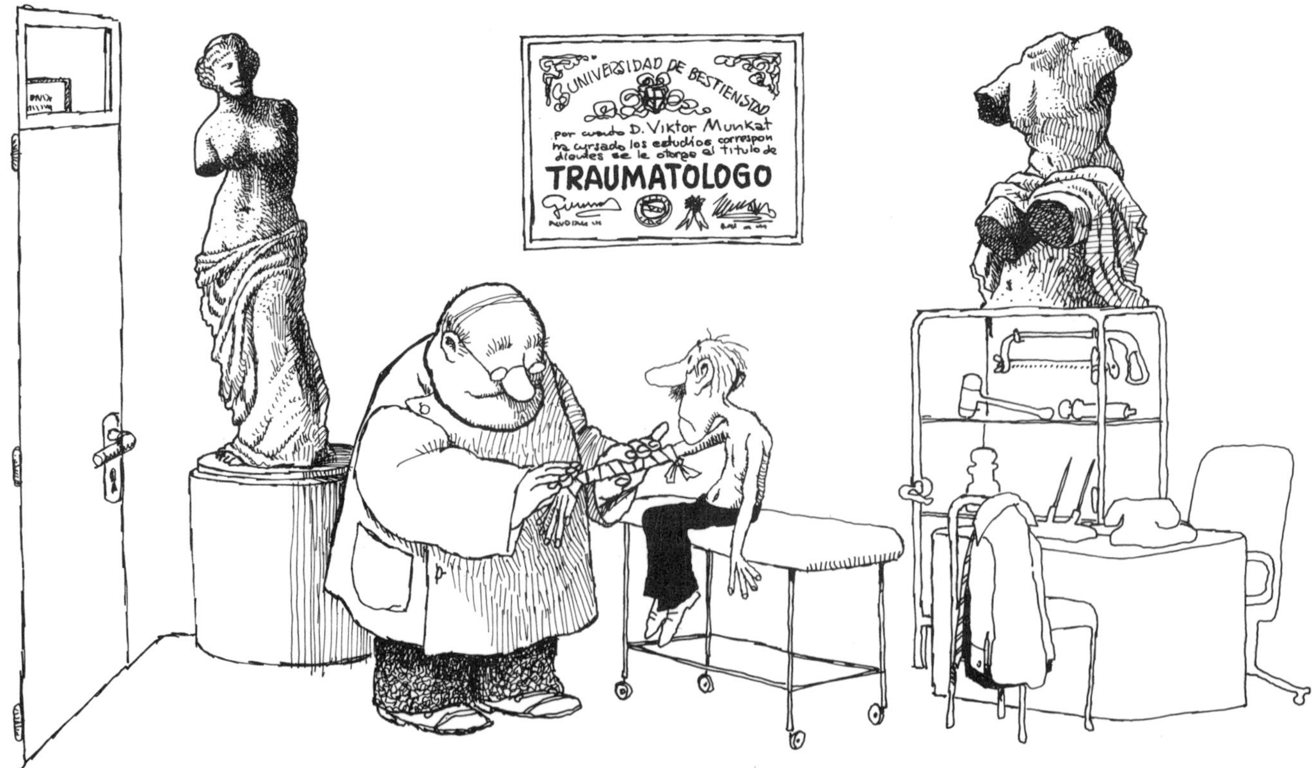
UNIVERSIDAD DE BESTIENSTAD
por cuanto D. Viktor Munkat
ha cursado los estudios correspon
dientes se le otorga el titulo de
TRAUMATOLOGO

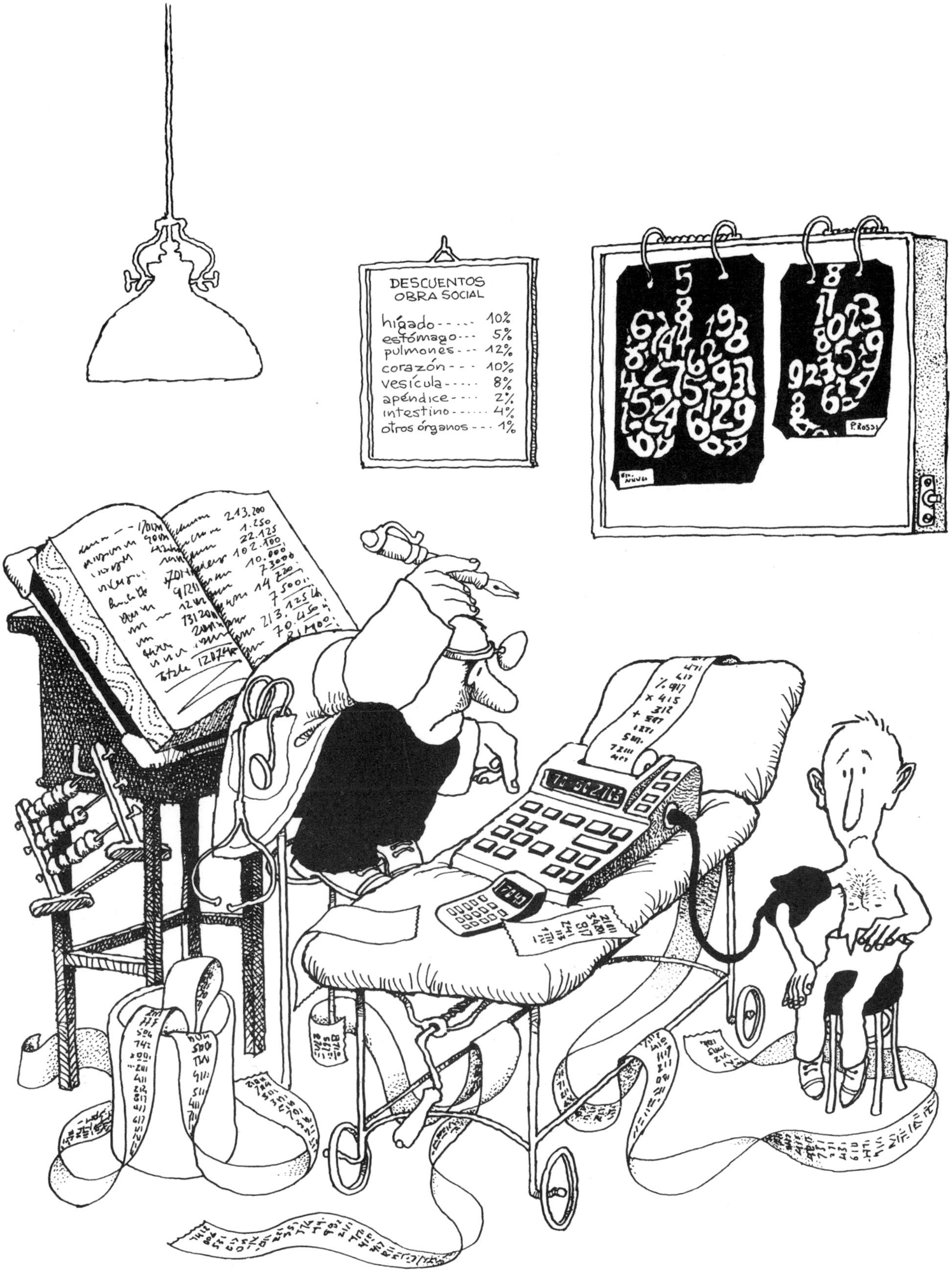
DESCUENTOS
OBRA SOCIAL
hígado ----- 10%
estómago --- 5%
pulmones --- 12%
corazón --- 10%
vesícula ----- 8%
apéndice ---- 2%
intestino ------ 4%
otros órganos --- 1%
P. ROSSI

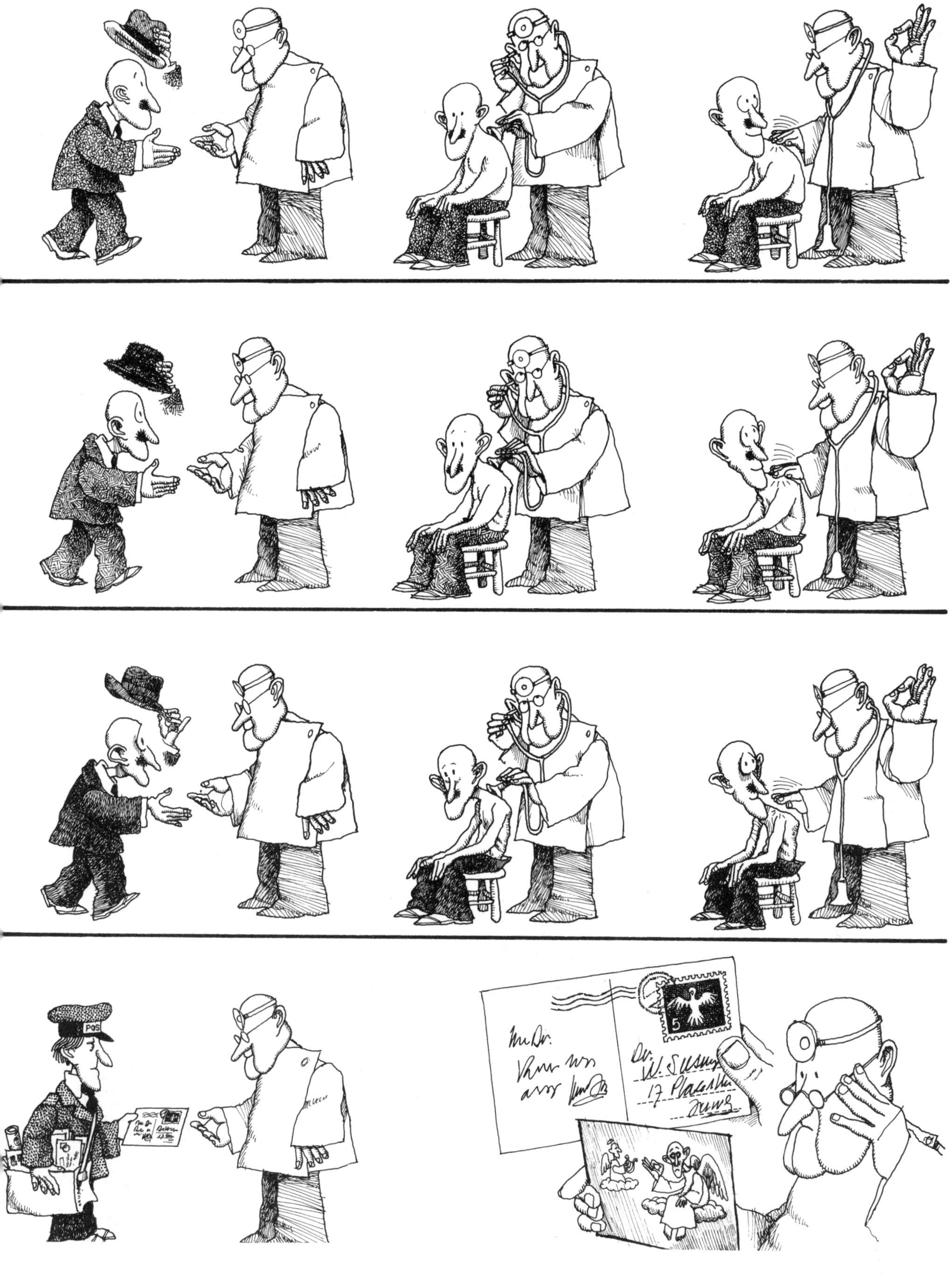
POS

GVZ
KBIT
OFCMS
XHARDOJ

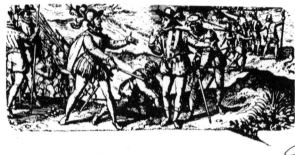

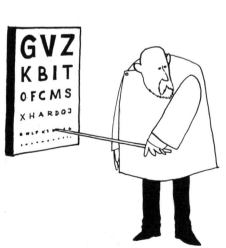

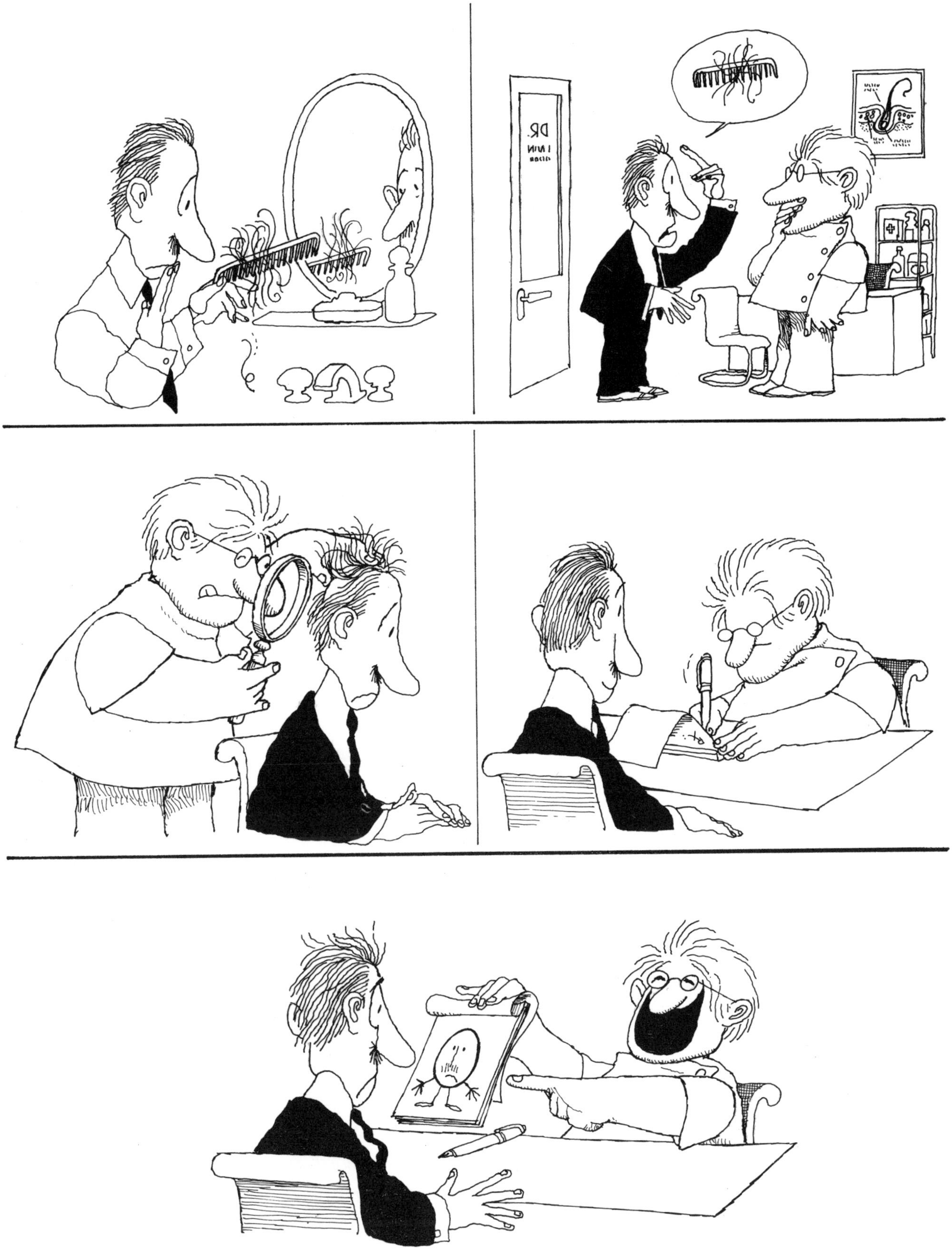

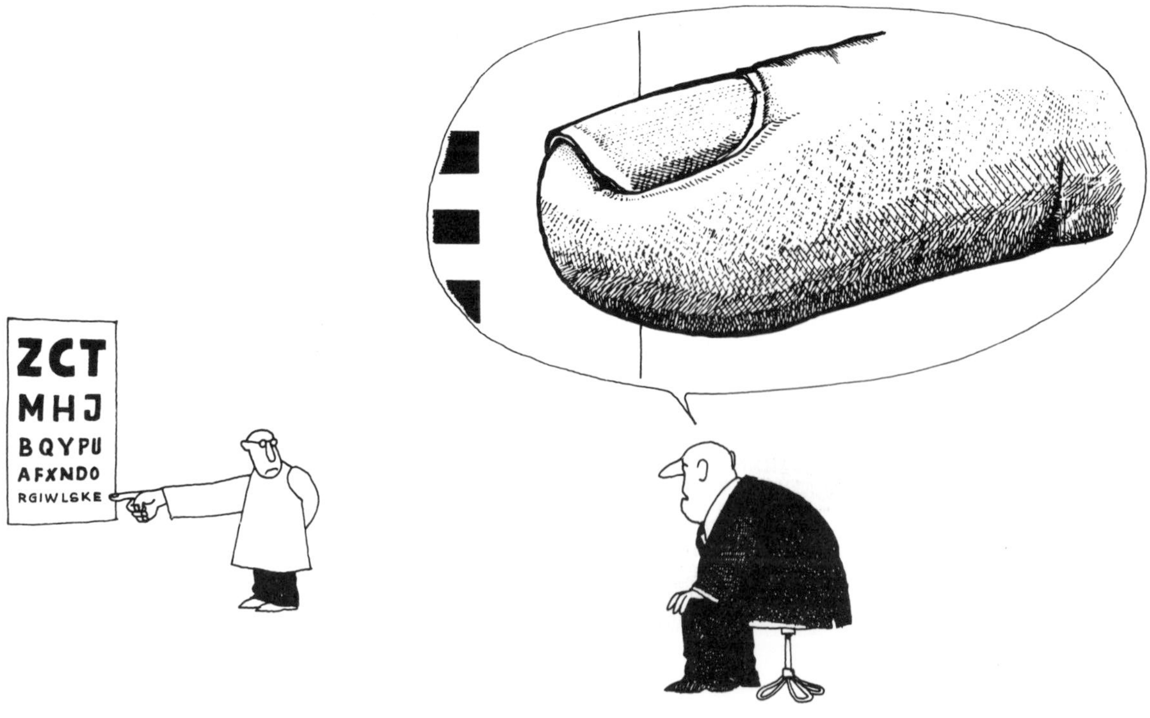
ZCT
MHJ
BQYPU
AFXNDO
RGIWLSKE

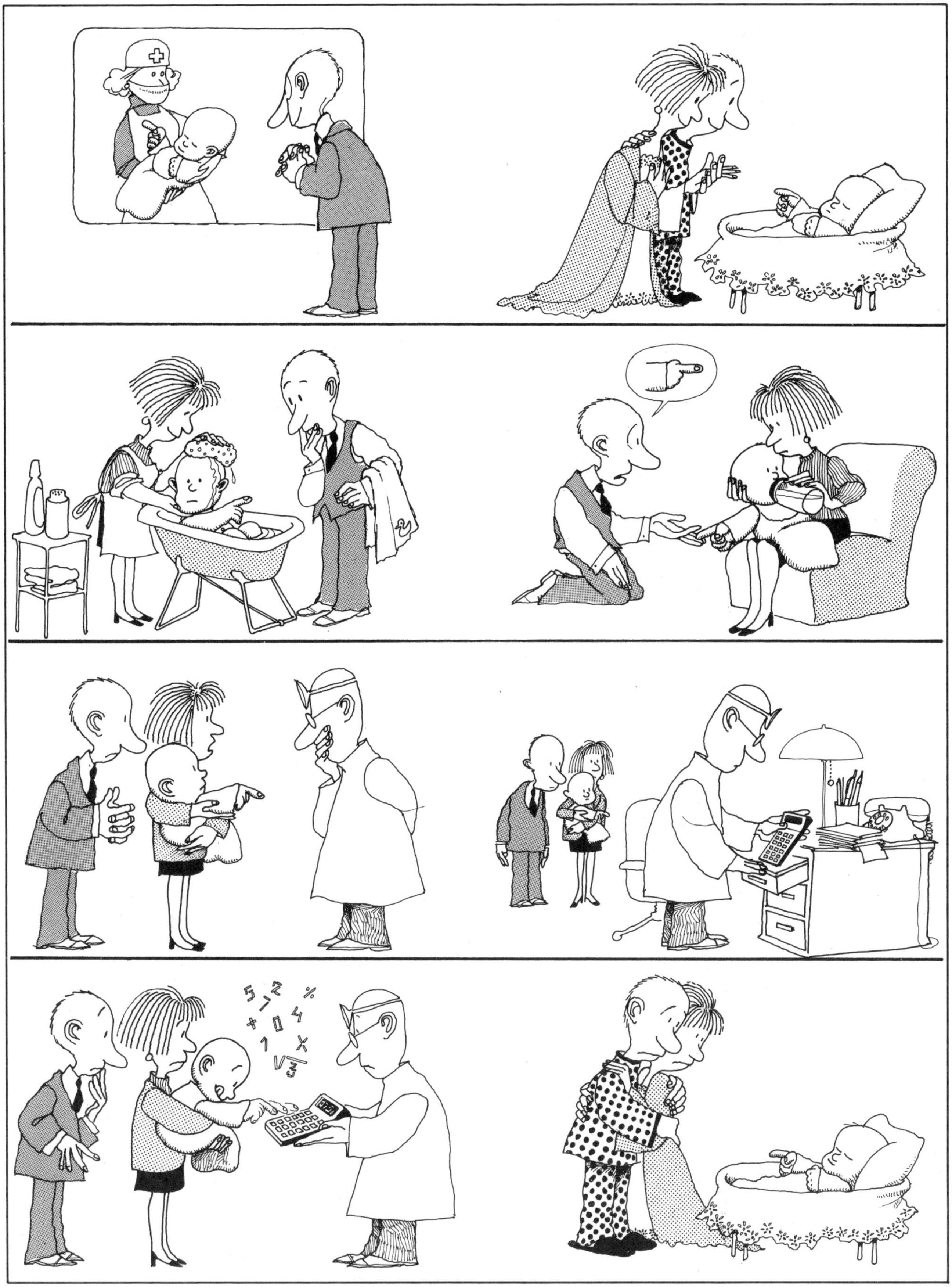

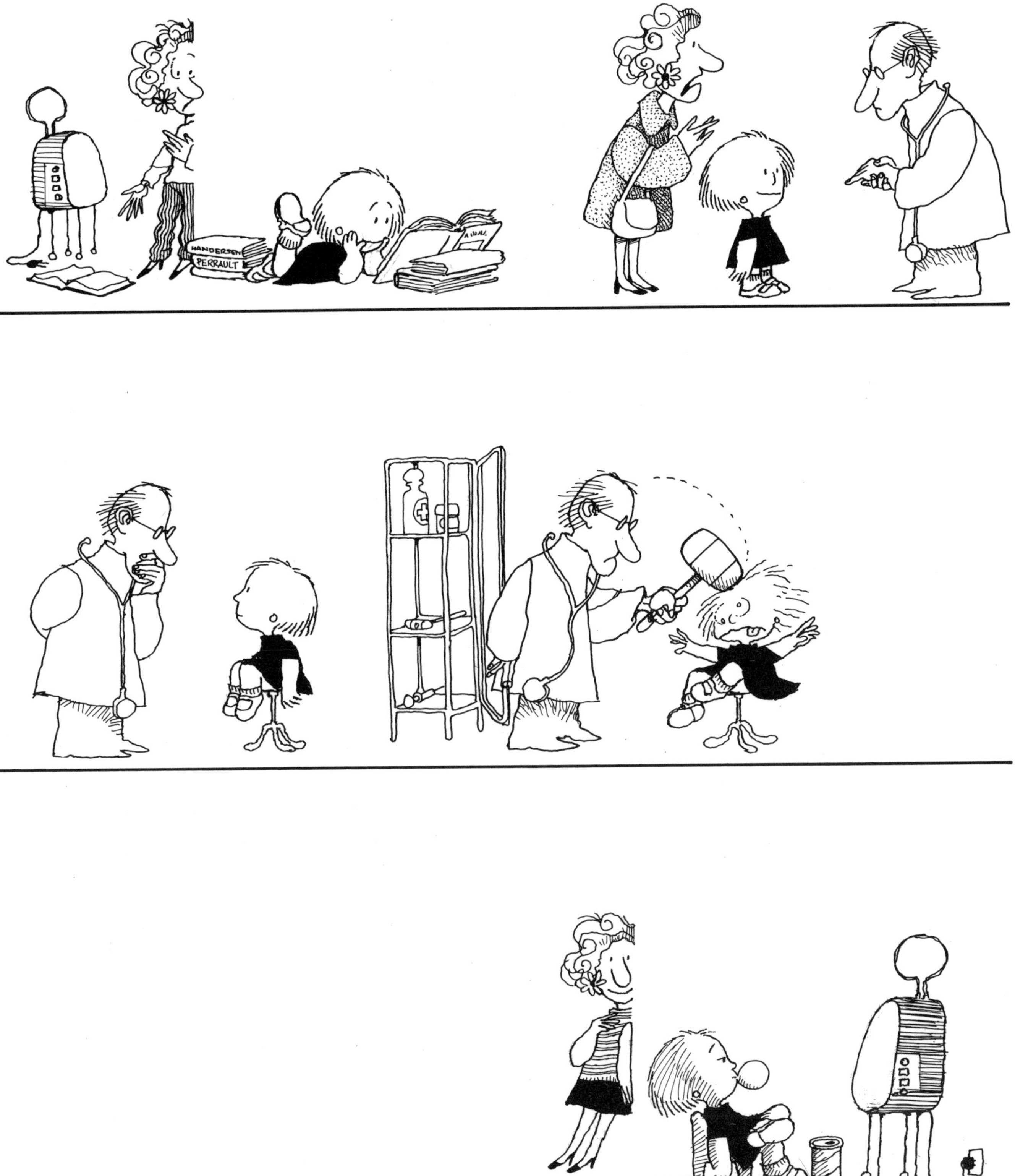
HANDERSEN
PERRAULT

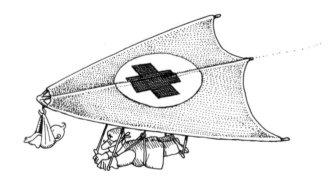

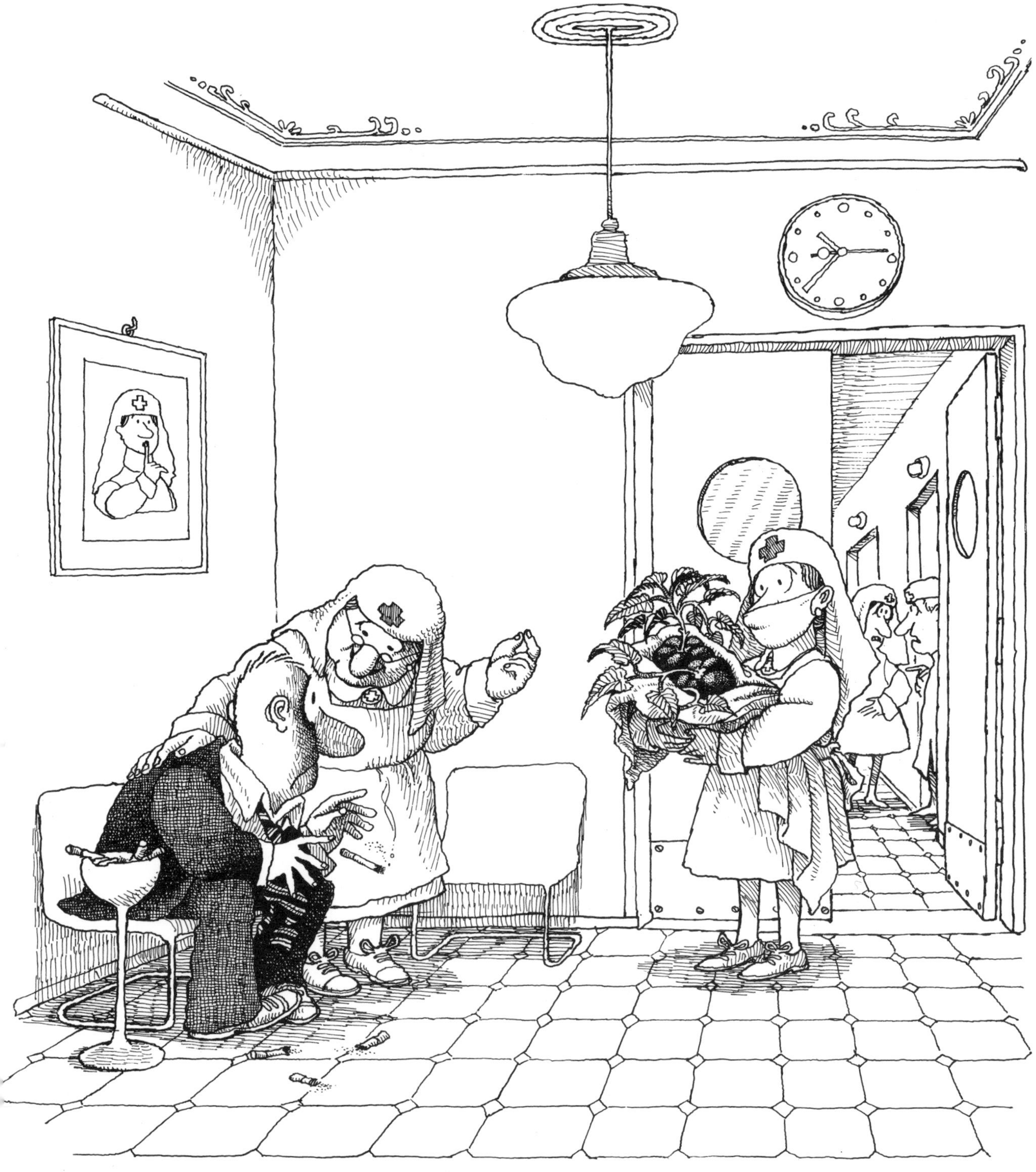

—.....Y ENTONCES, AQUÉLLA SEMILLITA CHIQUITIIIIIIIITA, CHIQUITIIIIIIIITA
QUE PAPÁ HABÍA PUESTO EN LA BARRIGUITA DE MAMÁ......

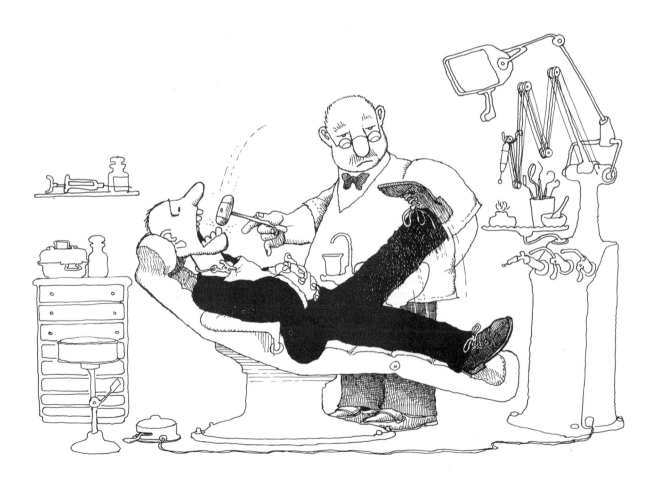

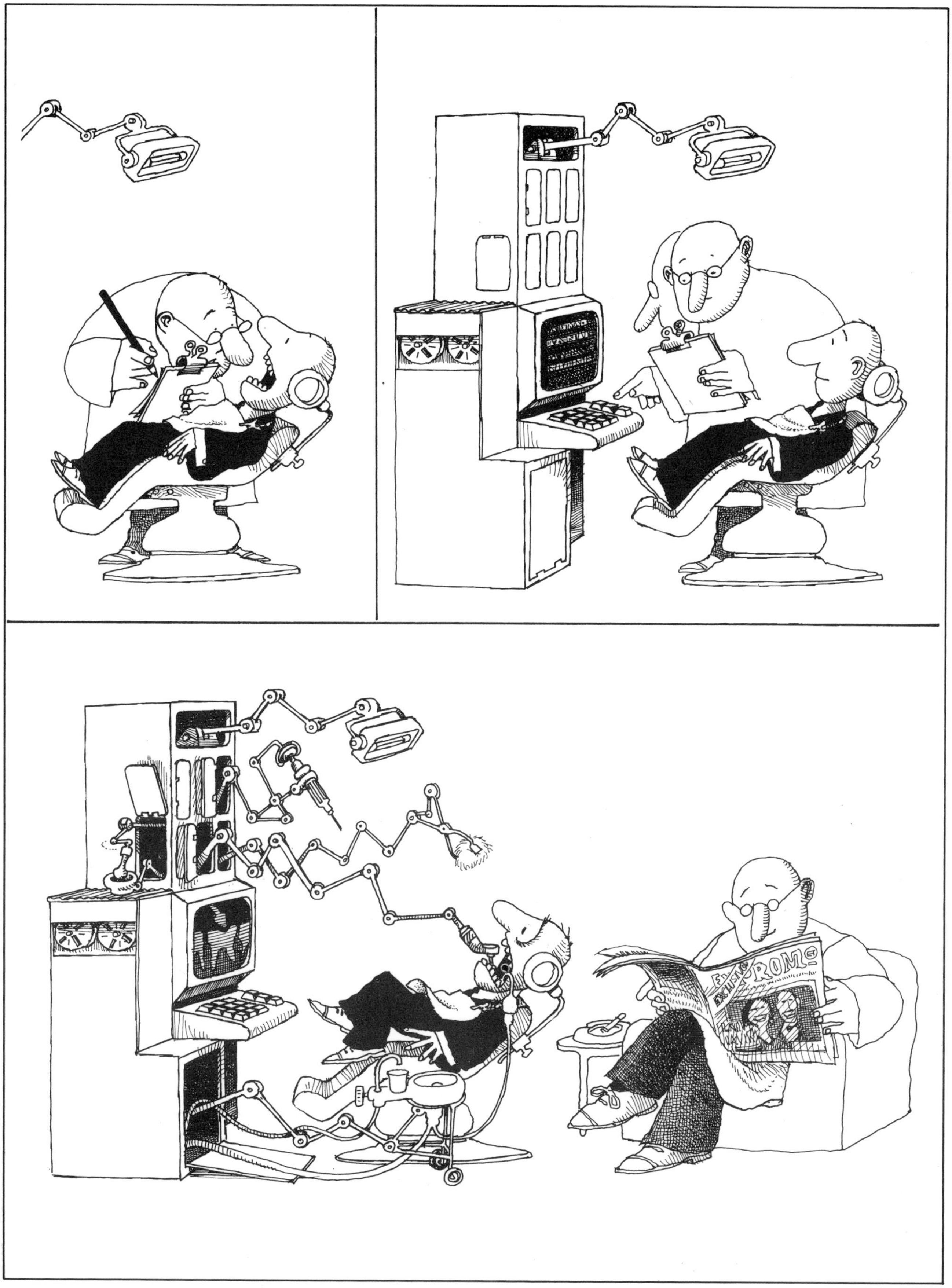
EXCLUSIVO
ROMO

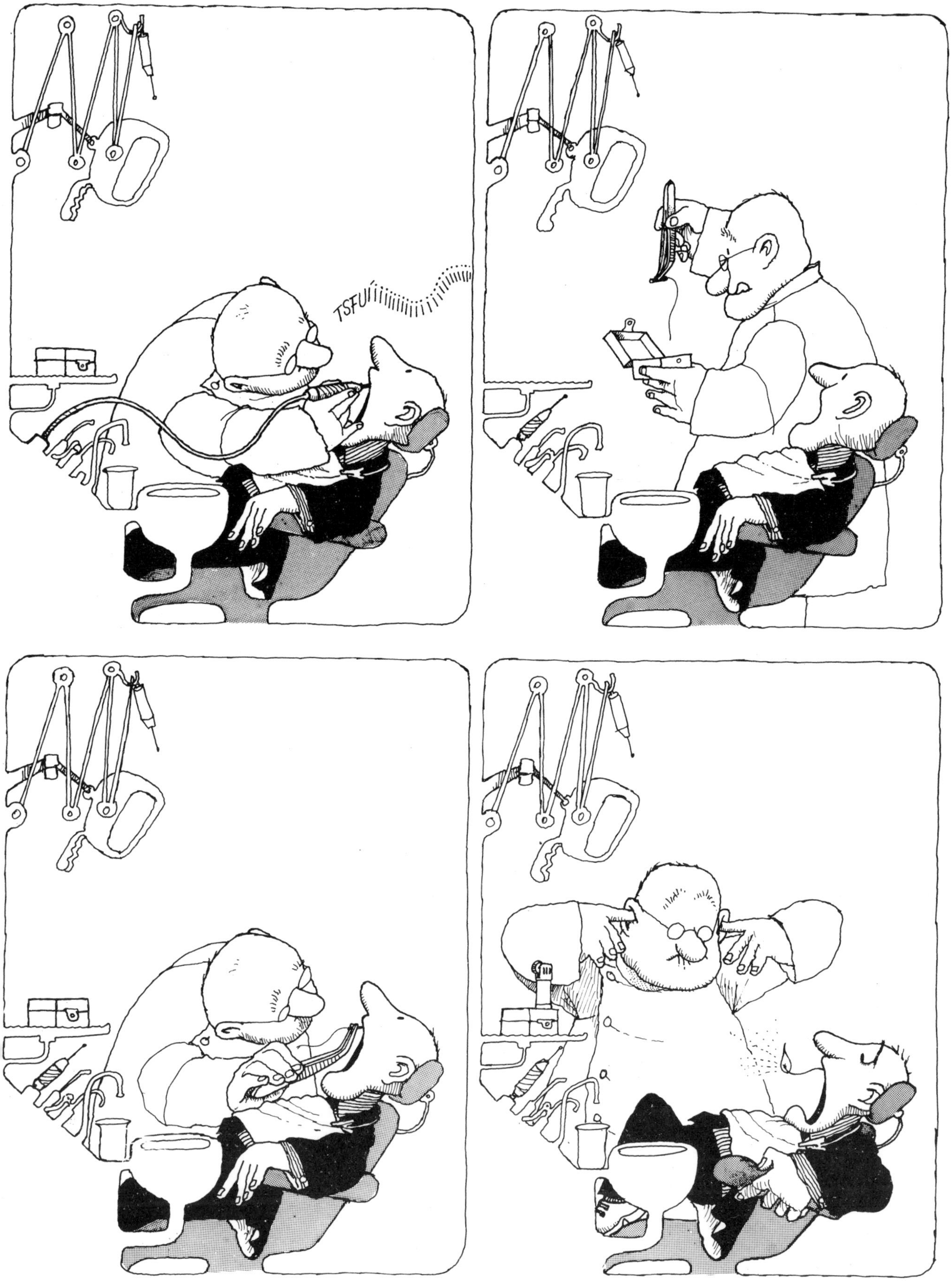
TSFUIiiiiiiiiiiiiiiii

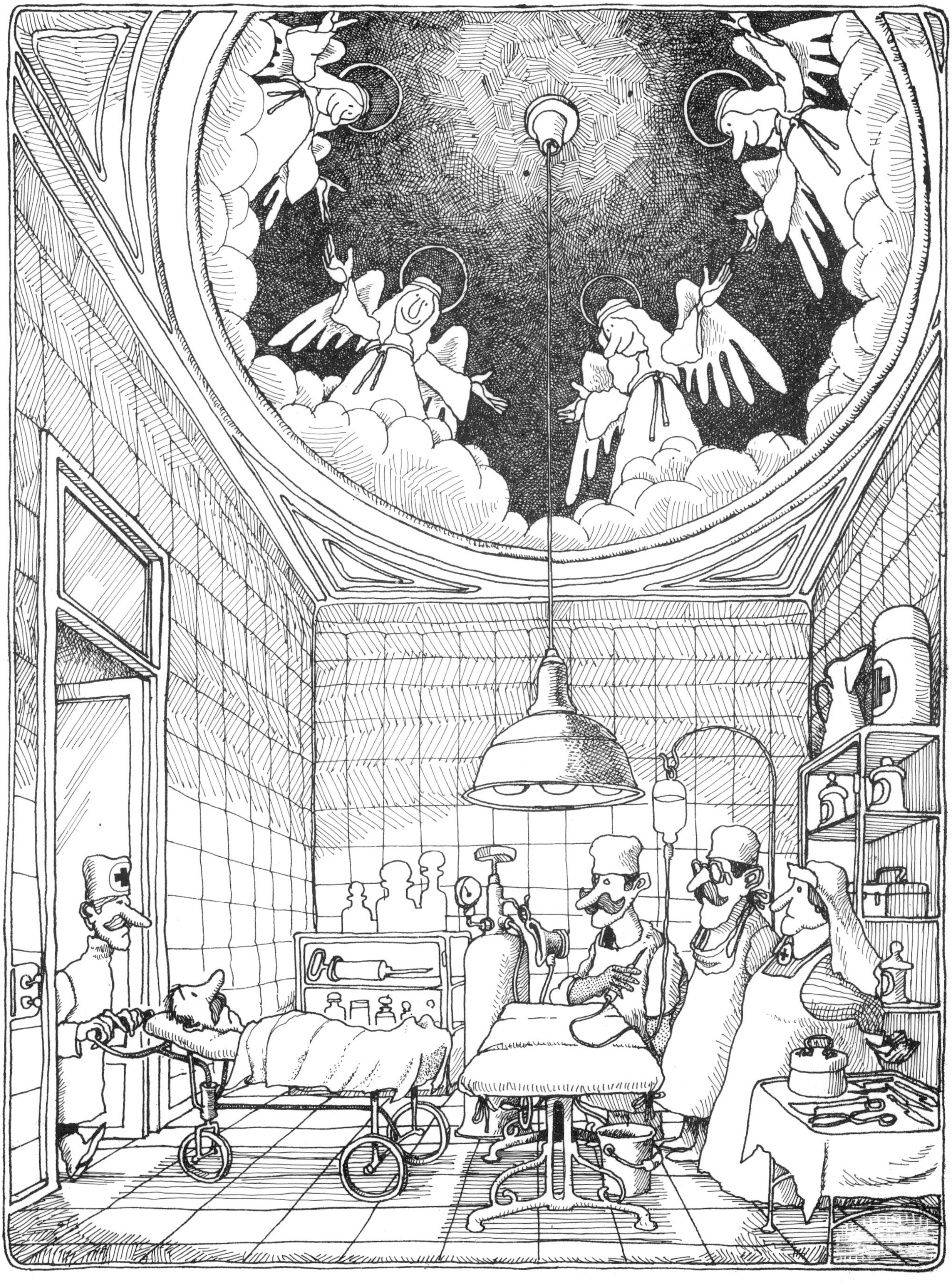

CIRUGIA
¡DESPIERTE, DOCTOR!... ¡VAMOS, QUE EL PACIENTE ESPERA!..¡PST, DOCTOR!..

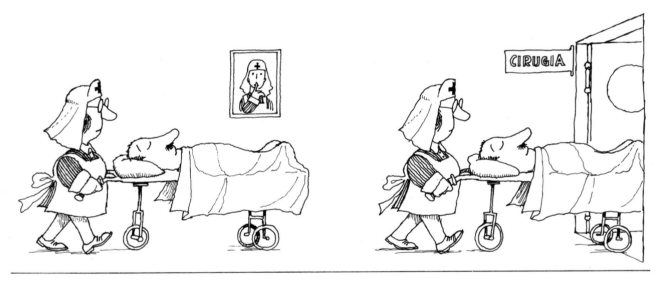

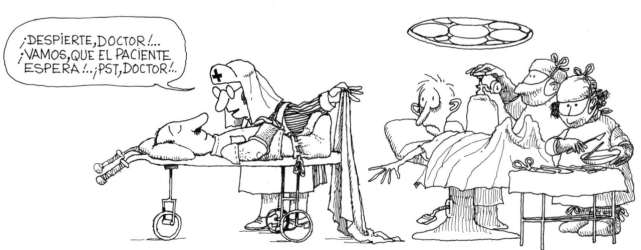

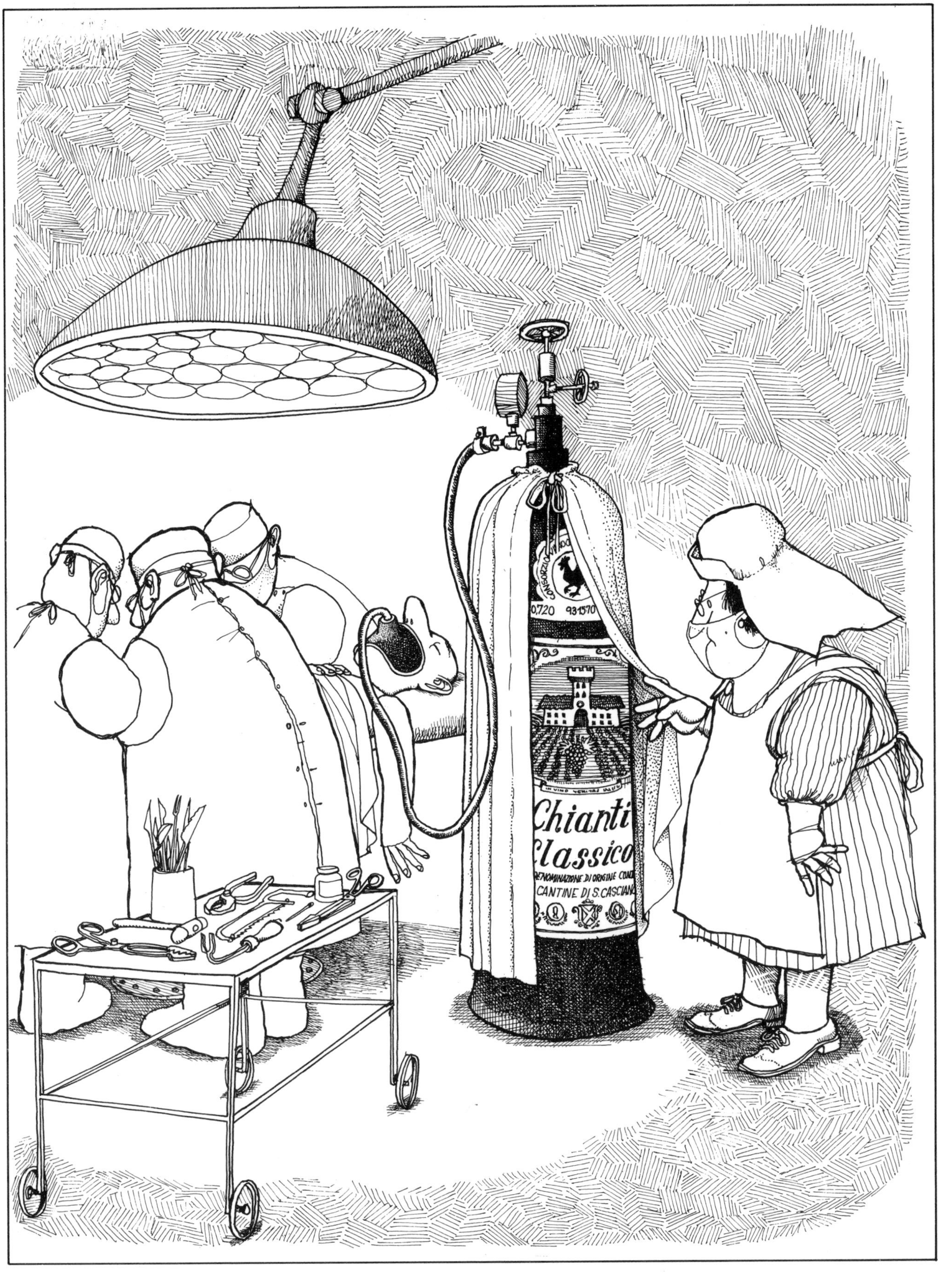
0,720 931570
IN VINO VERITAS
Chianti
Classico
DENOMINAZIONE DI ORIGINE CON
CANTINE DI S.CASCIAN

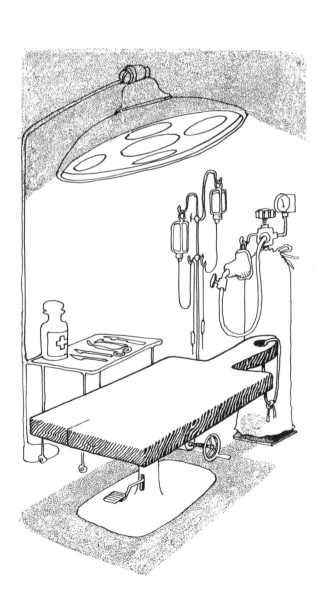

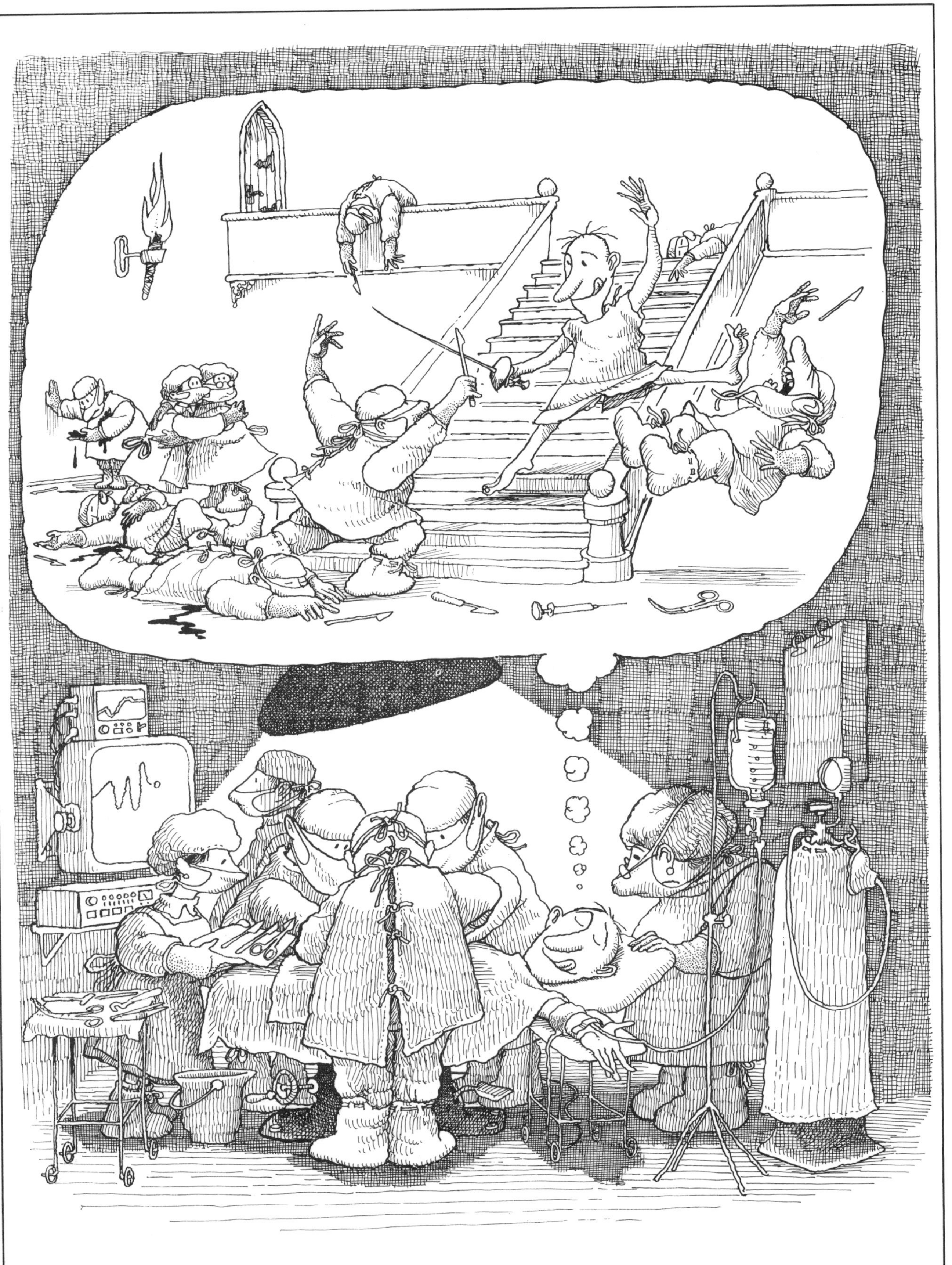

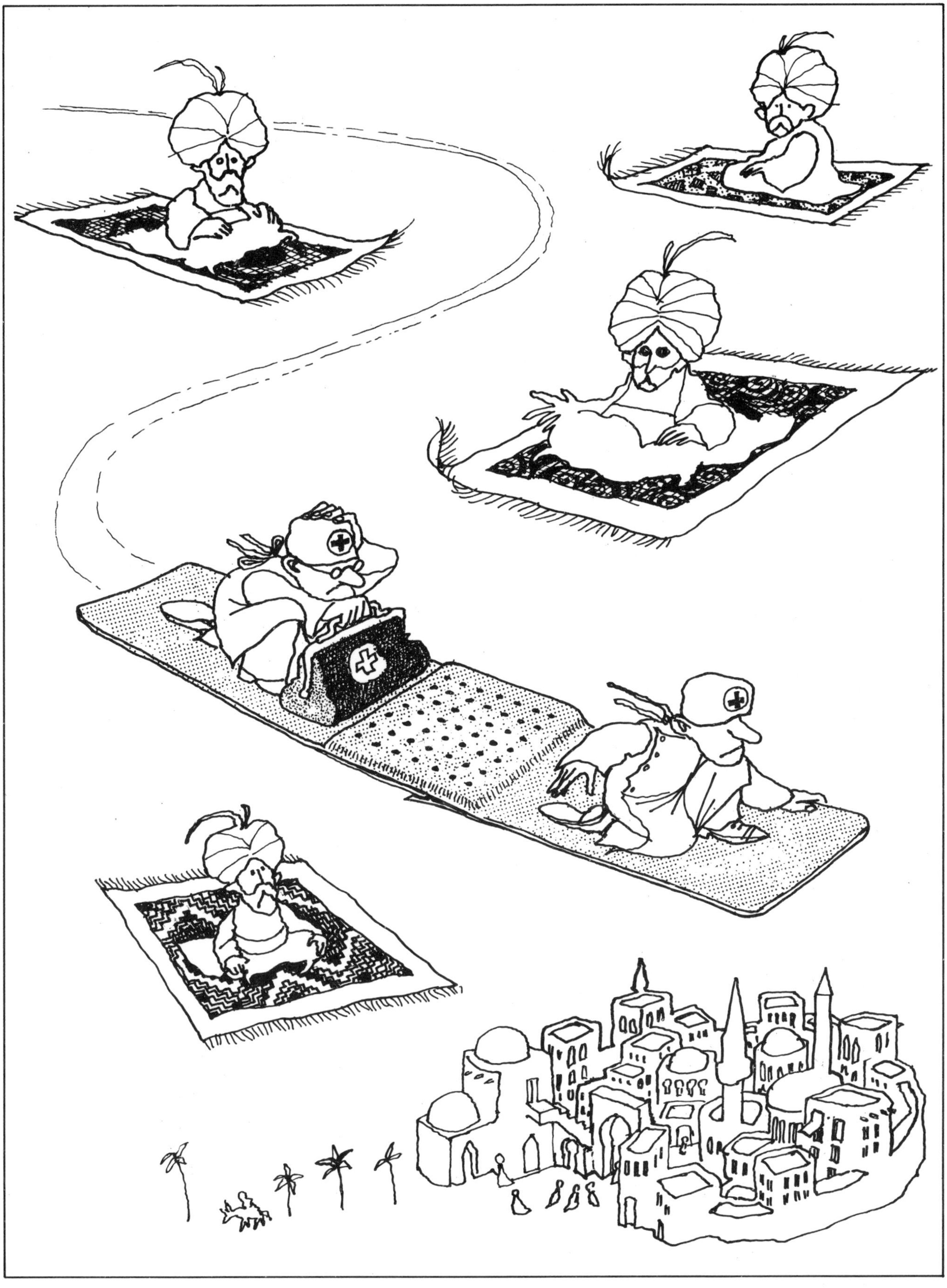

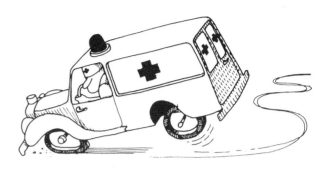

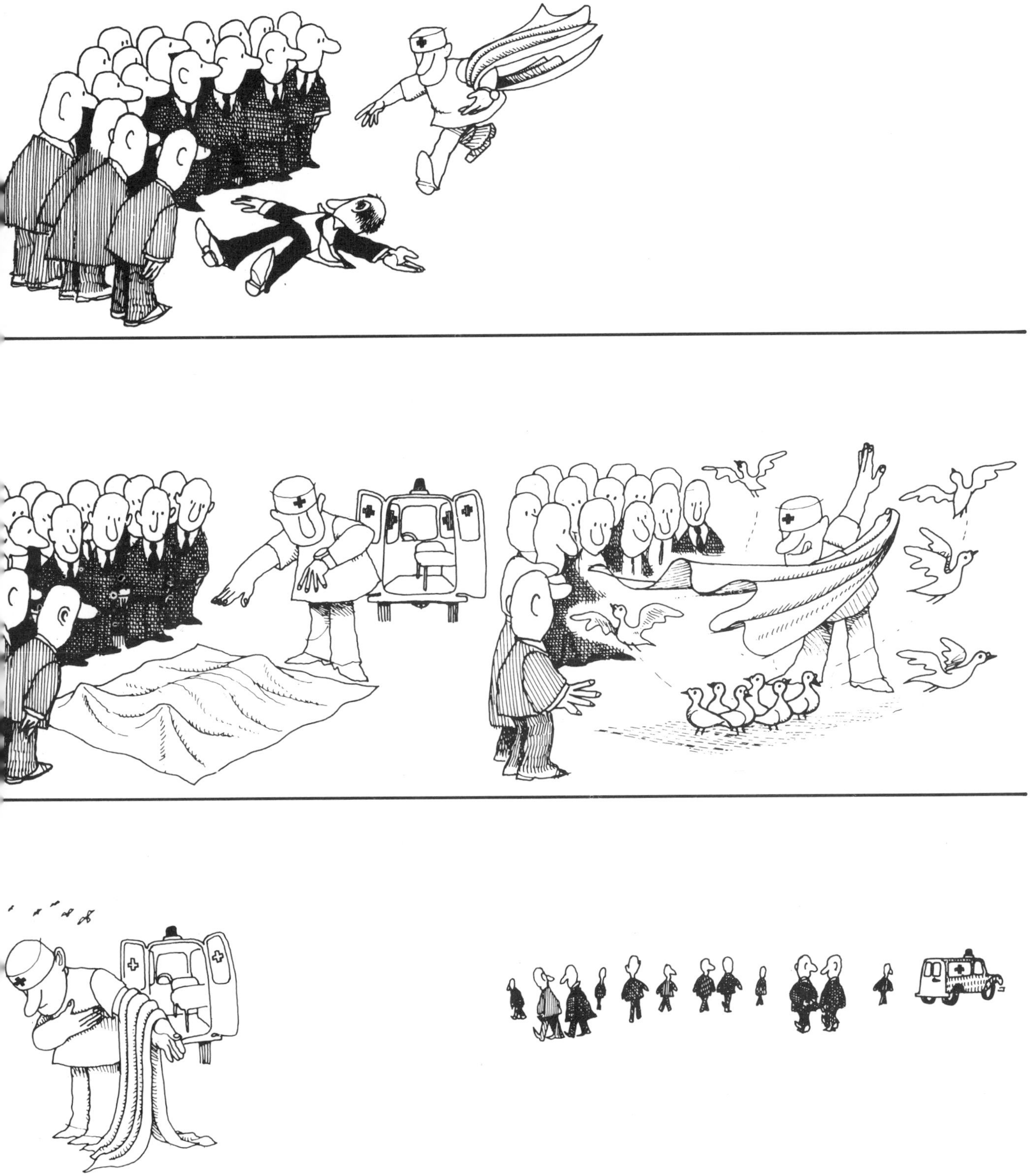

BÚFFH!... PÚFF!

Ah, PERO ENTONCES... ¡CON RAZÓN ME COSTABA TANTO CAMINAR!

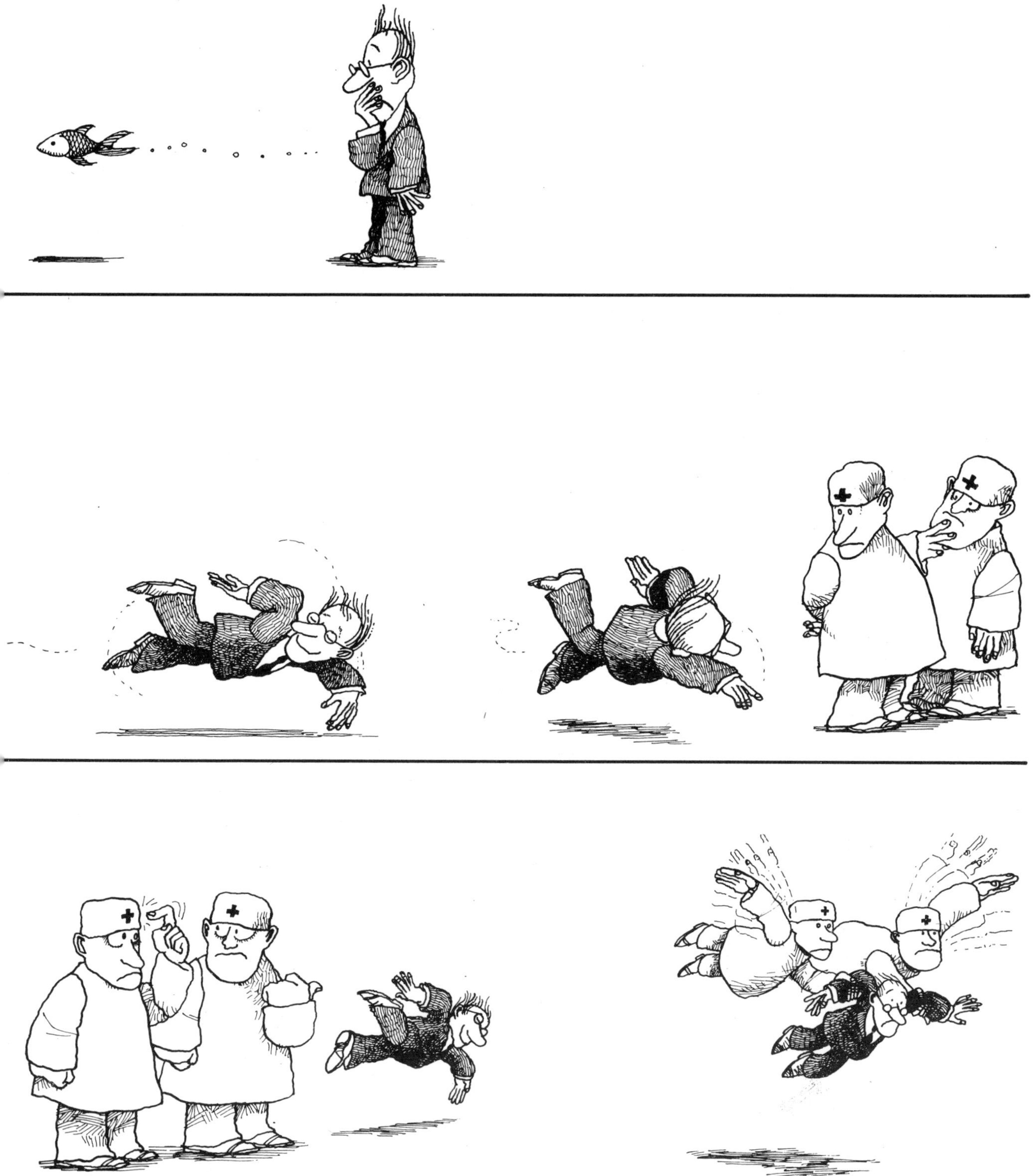

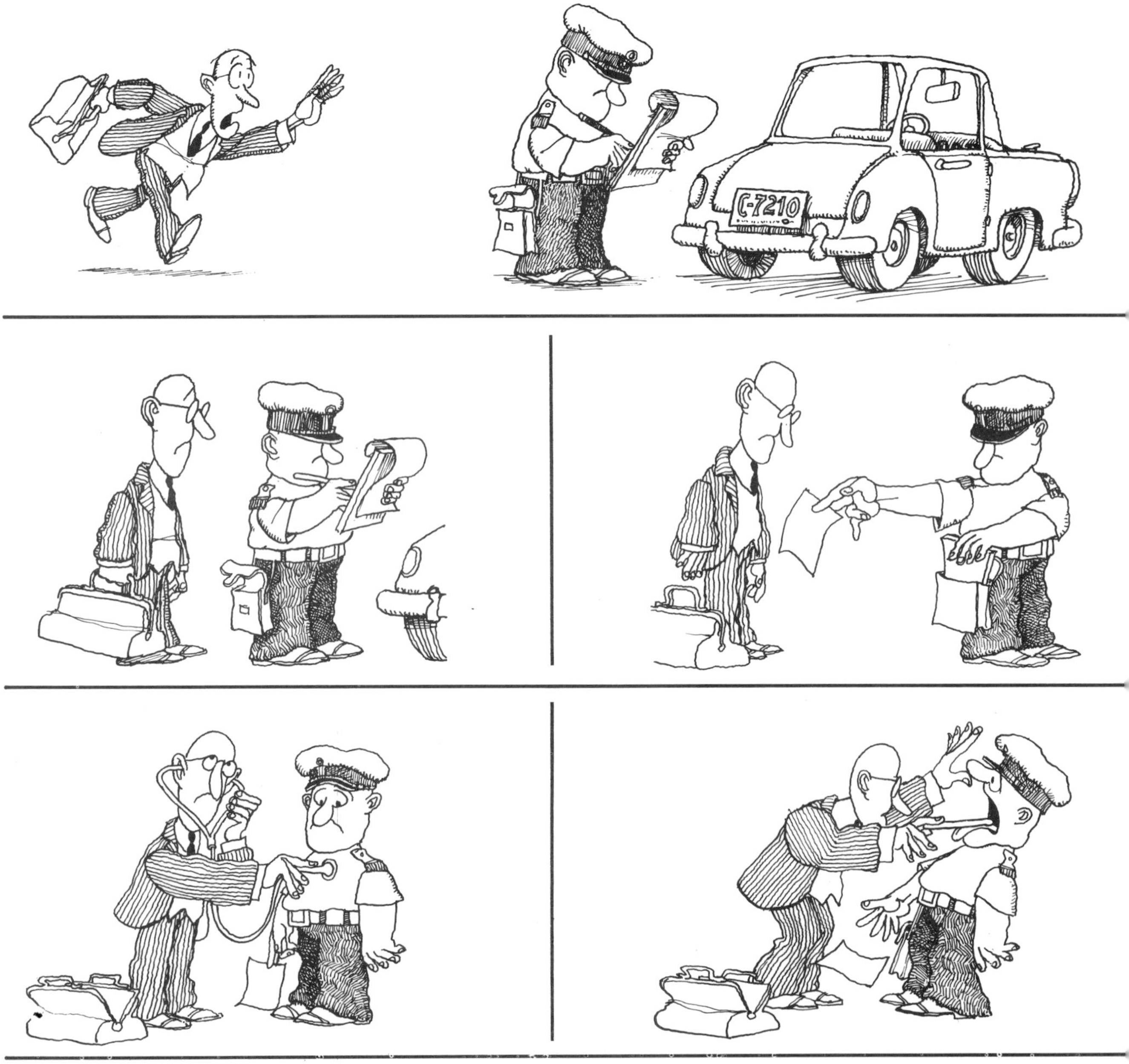
C-7210

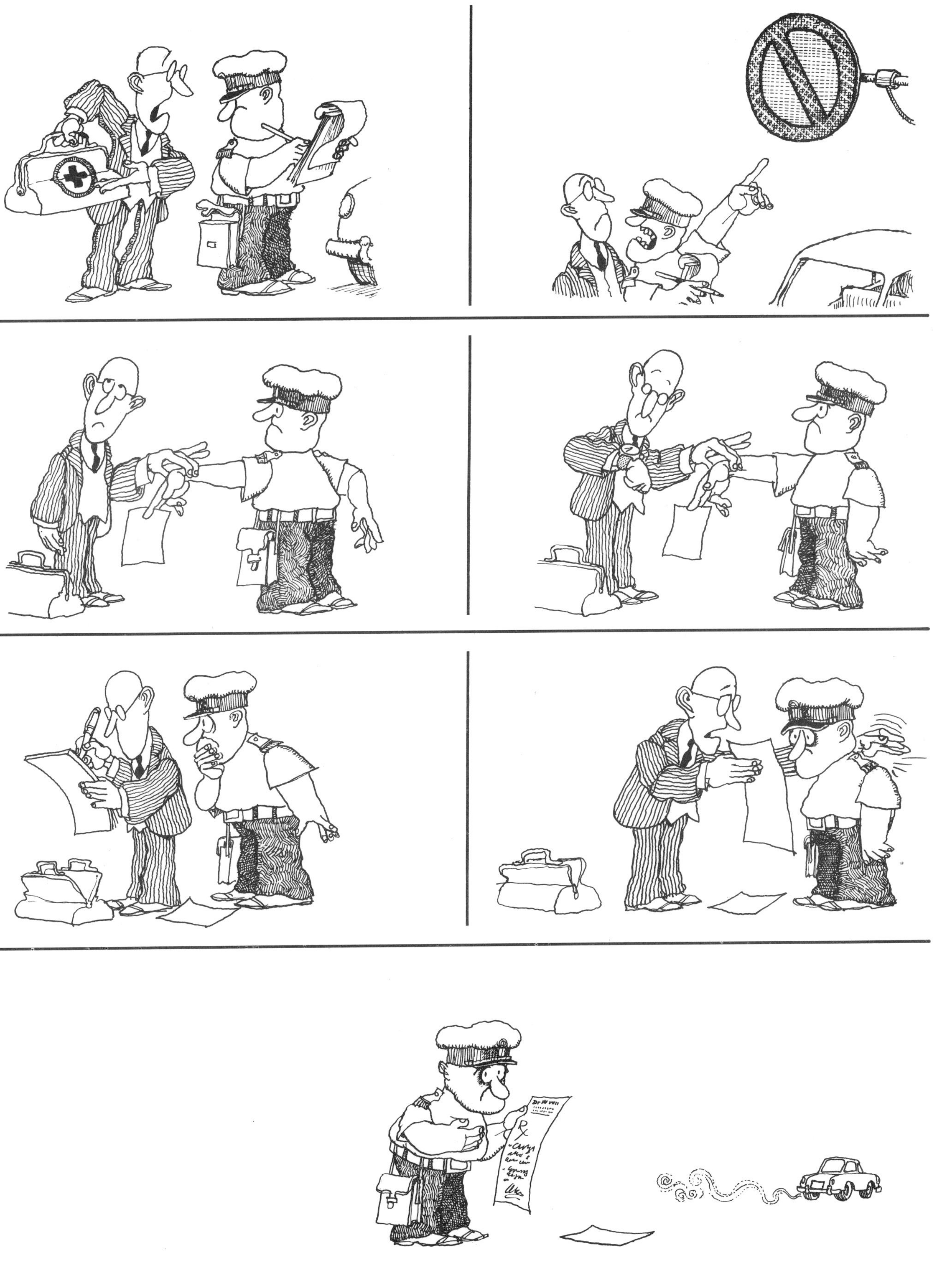

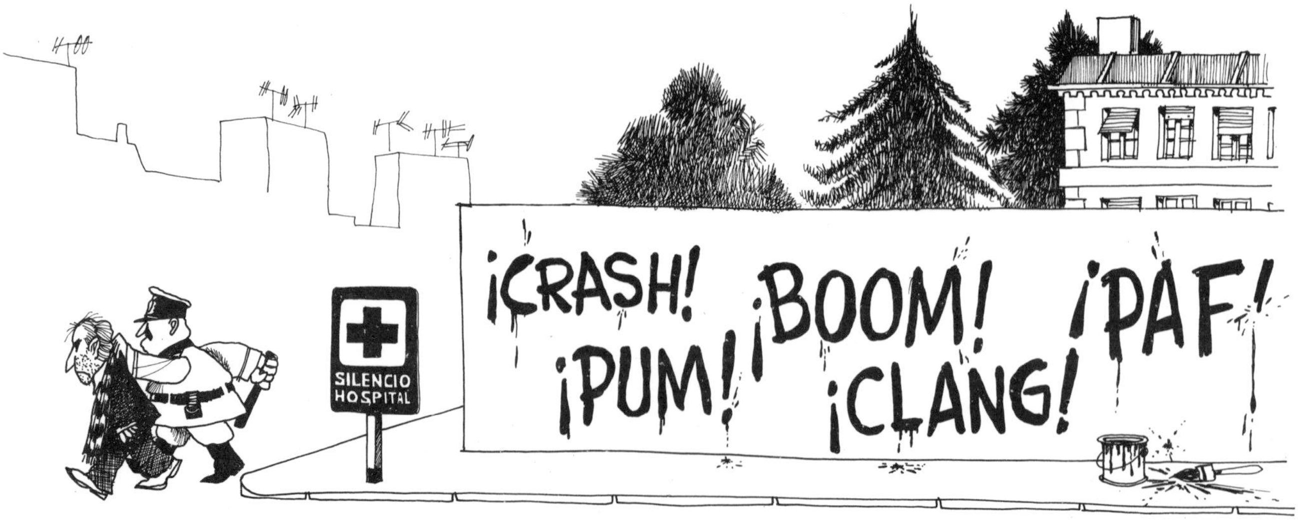
SILENCIO
HOSPITAL
¡CRASH!
¡PUM!
¡BOOM!
¡CLANG!
¡PAF!

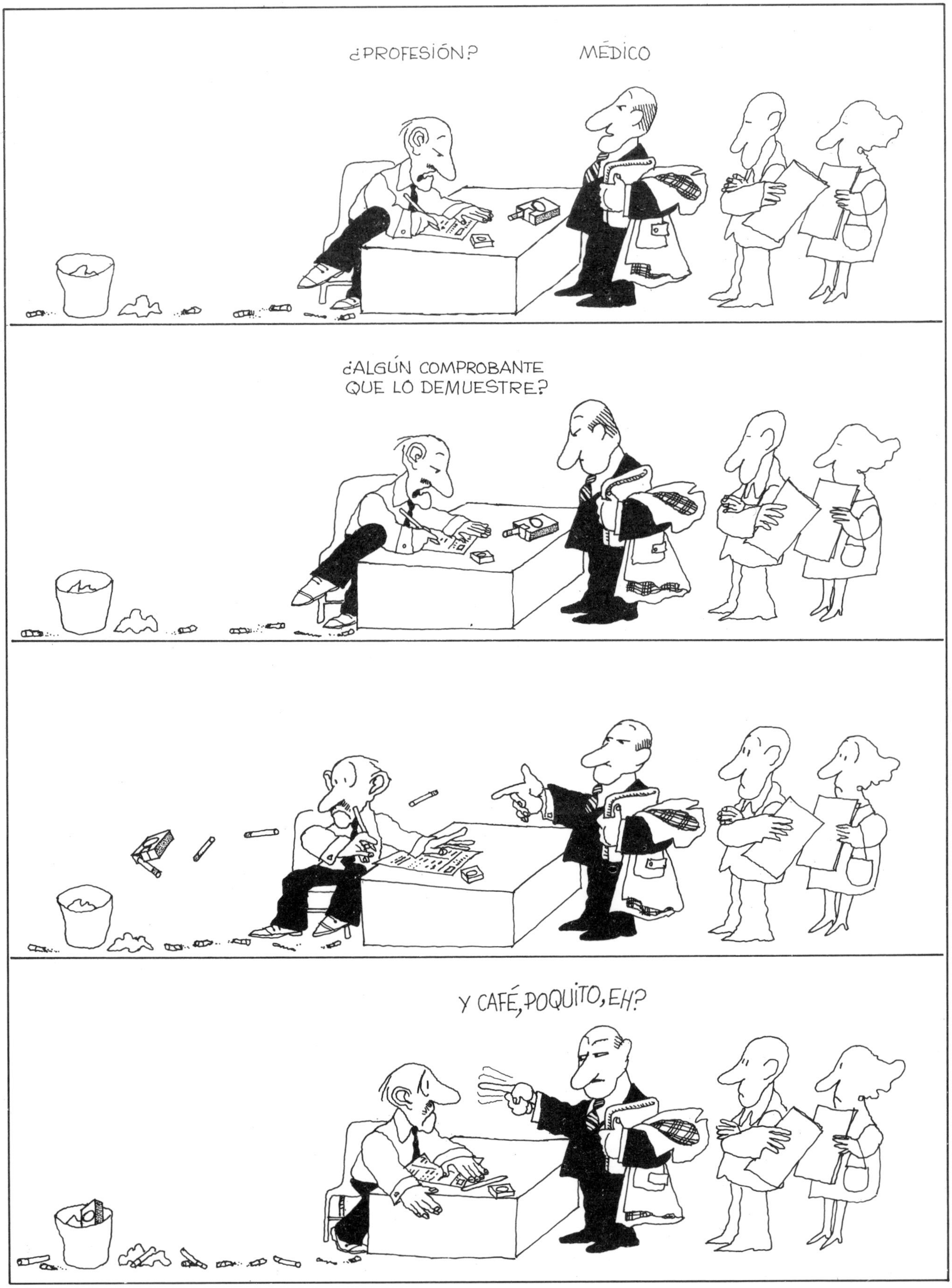
¿PROFESIÓN?
MÉDICO
¿ALGÚN COMPROBANTE QUE LO DEMUESTRE?
Y CAFÉ, POQUITO, EH?

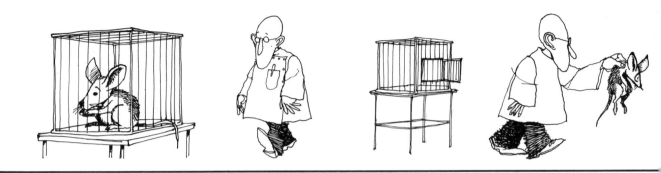

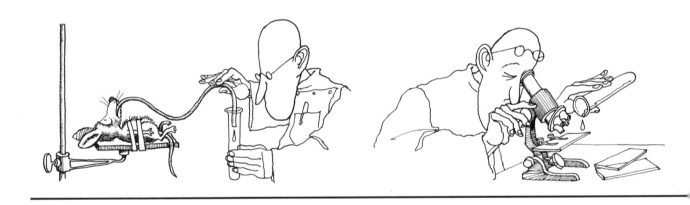

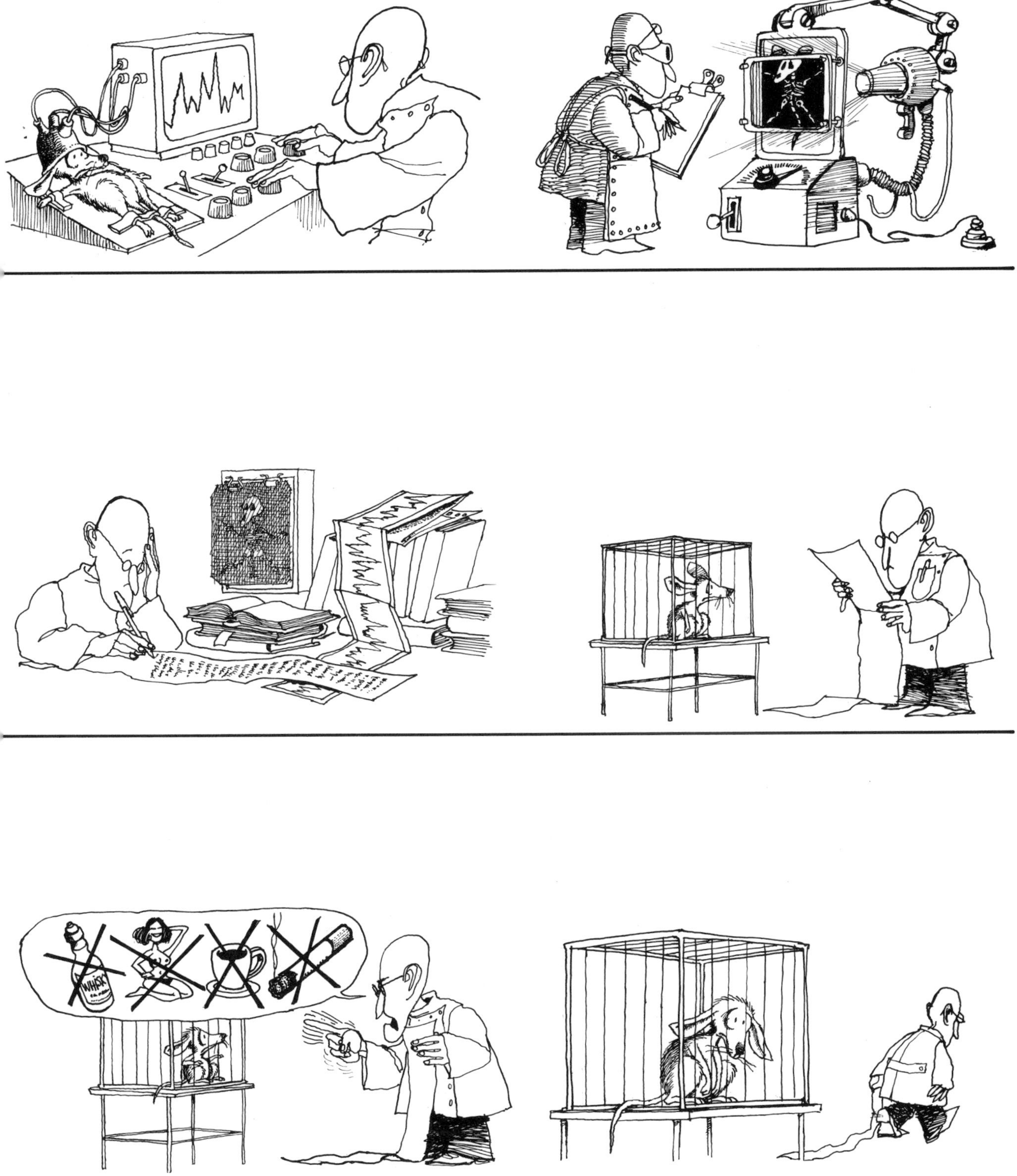
WHISK

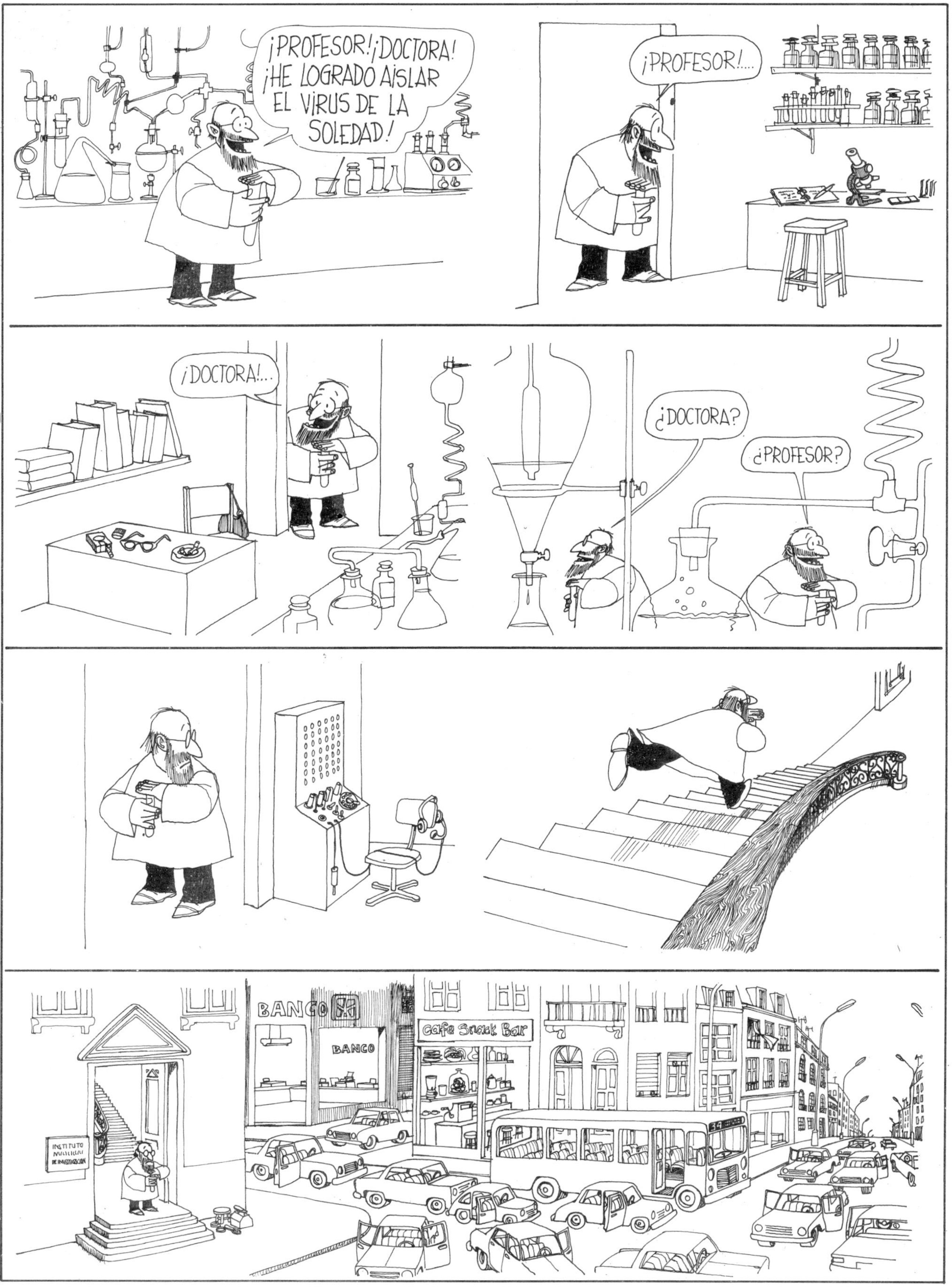
¡PROFESOR! ¡DOCTORA! ¡HE LOGRADO AISLAR EL VIRUS DE LA SOLEDAD!
¡PROFESOR!...
¡DOCTORA!...
¿DOCTORA?
¿PROFESOR?
INSTITUTO
DE INVESTIGACION
BANCO
BANCO
Cafe Snack Bar

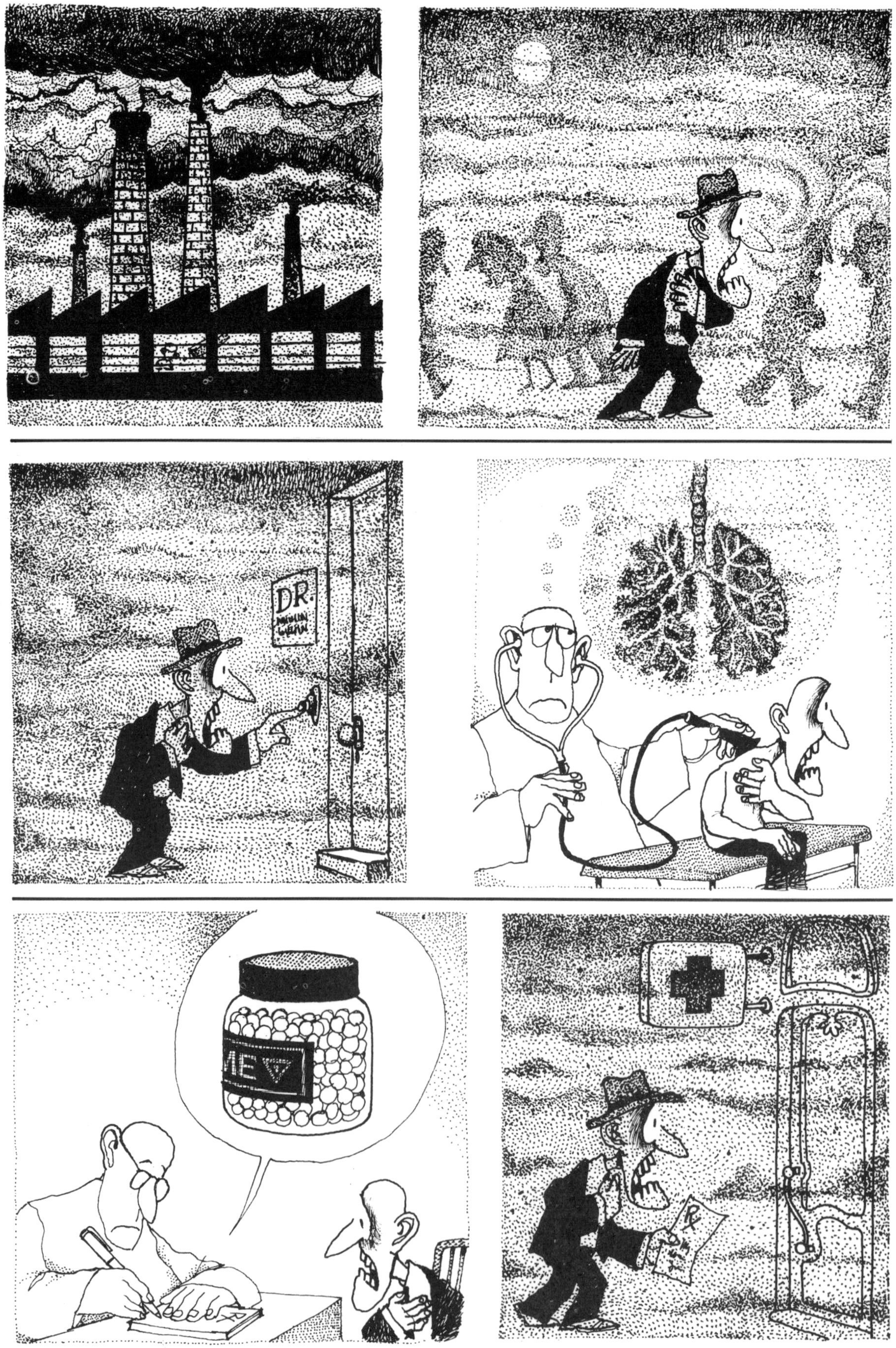
DR.
ME

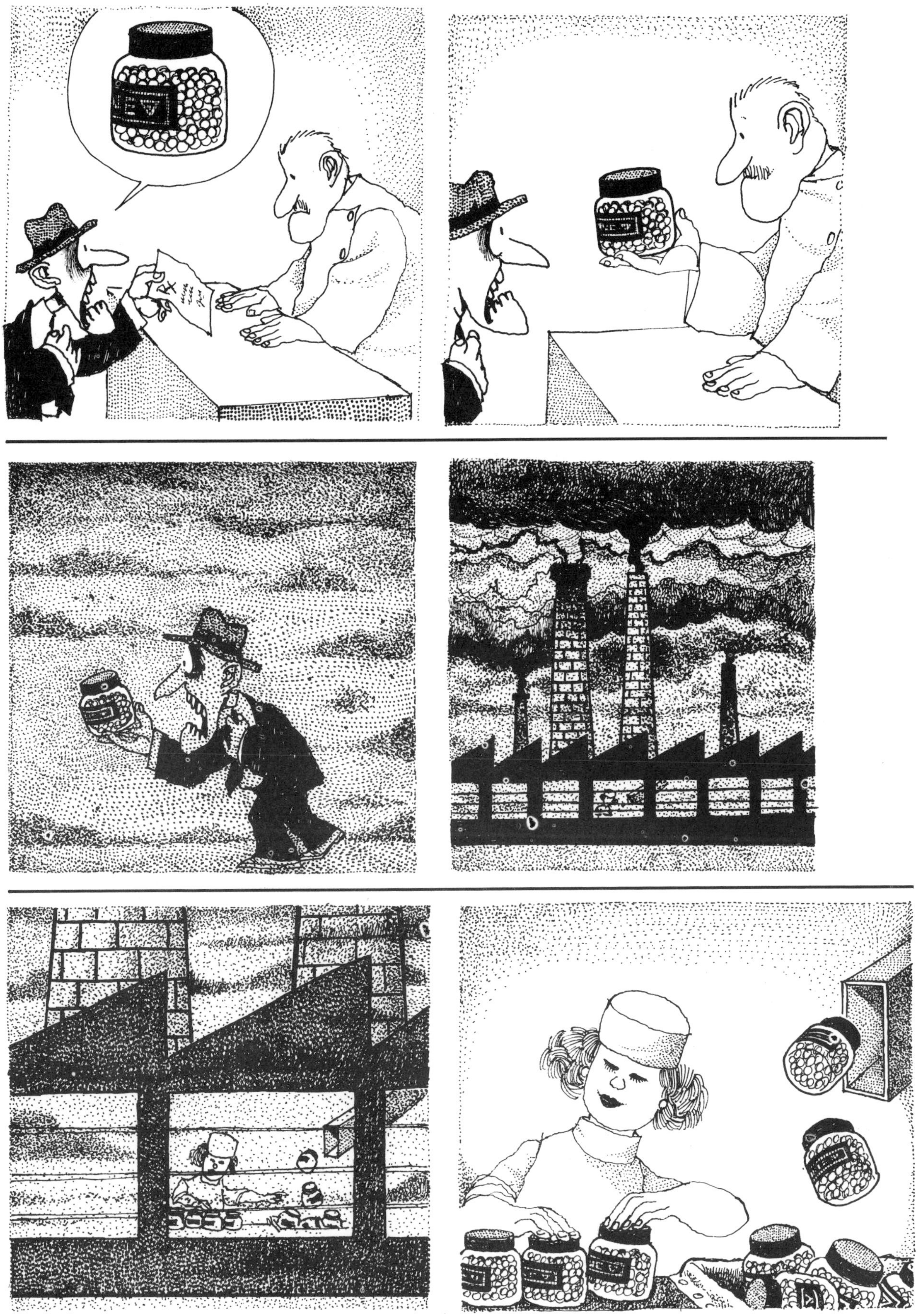

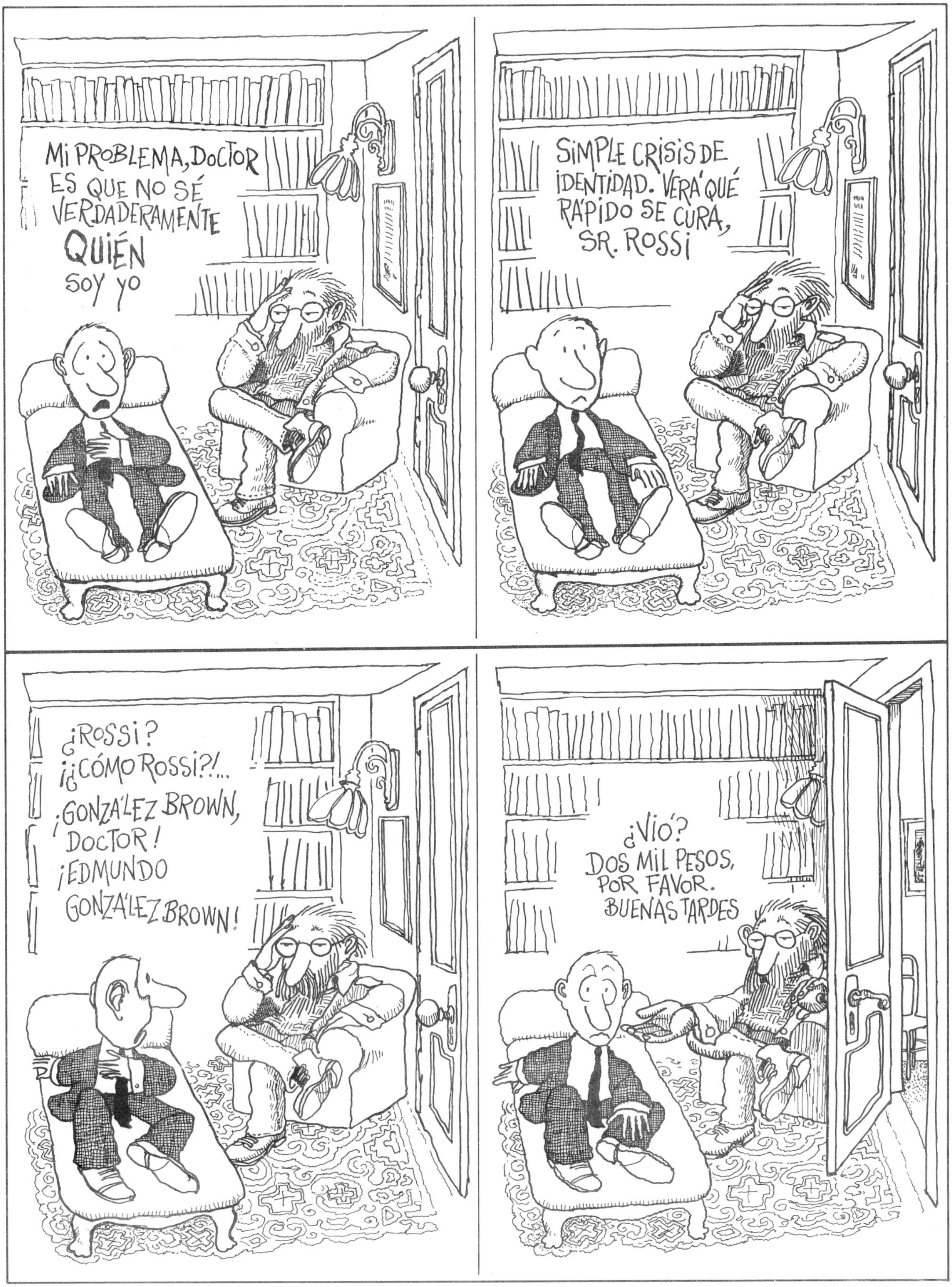
MI PROBLEMA, DOCTOR ES QUE NO SÉ VERDADERAMENTE QUIÉN SOY YO
SIMPLE CRISIS DE IDENTIDAD. VERÁ QUÉ RÁPIDO SE CURA, SR. ROSSI
¿ROSSI? ¡¿CÓMO ROSSI?!... ¡GONZÁLEZ BROWN, DOCTOR! ¡EDMUNDO GONZÁLEZ BROWN!
¿VIÓ? DOS MIL PESOS, POR FAVOR. BUENAS TARDES

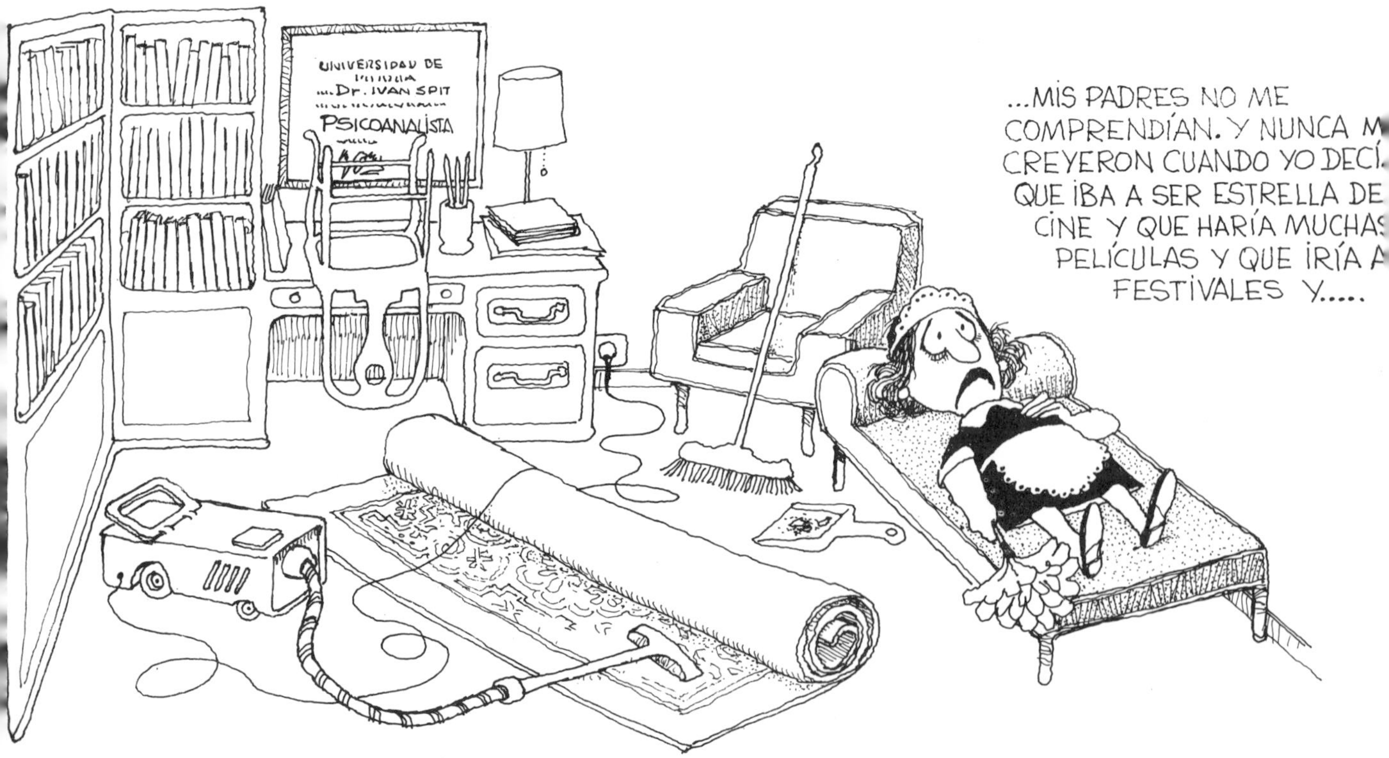
UNIVERSIDAD DE
Dr. IVAN SPIT
PSICOANALISTA
...MIS PADRES NO ME COMPRENDÍAN. Y NUNCA M CREYERON CUANDO YO DECÍ QUE ÍBA A SER ESTRELLA DE CINE Y QUE HARÍA MUCHAS PELÍCULAS Y QUE ÍRÍA A FESTÍVALES Y.....

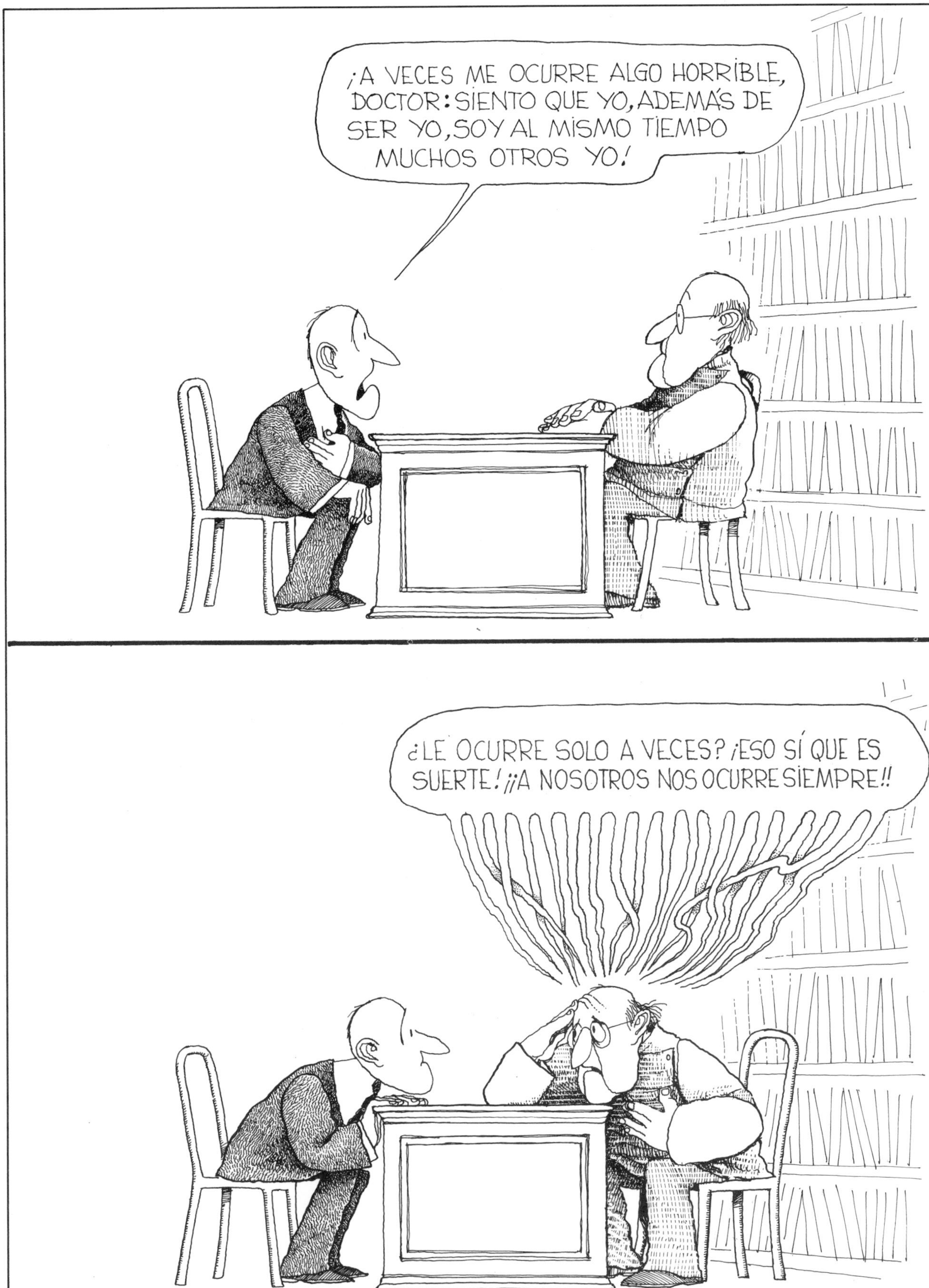
¡A VECES ME OCURRE ALGO HORRIBLE, DOCTOR: SIENTO QUE YO, ADEMÁS DE SER YO, SOY AL MISMO TIEMPO MUCHOS OTROS YO!
¿LE OCURRE SOLO A VECES? ¡ESO SÍ QUE ES SUERTE! ¡¡A NOSOTROS NOS OCURRE SIEMPRE!!

BIEN, USTED HA LOGRADO UNA REVALORIZACION DE LA IMAGEN MATERNA. LO QUE SIGNIFICA QUE SI POR UNA MADRE DESVALORIZADA USTED ESTABA PAGANDO MÑSBSBILMSNIENTOS LA SESIÓN, AHORA VENDRÁ A SALIRLE UNOS... A VER, MÑSBS POR MADRE MÑSBSEIS, ME LLEVO DOS, BSMÑ POR CUATRO

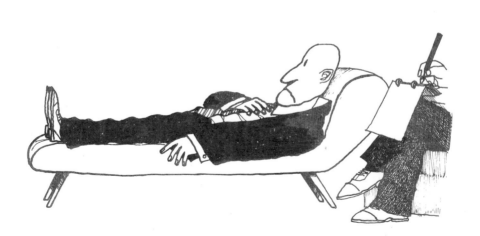

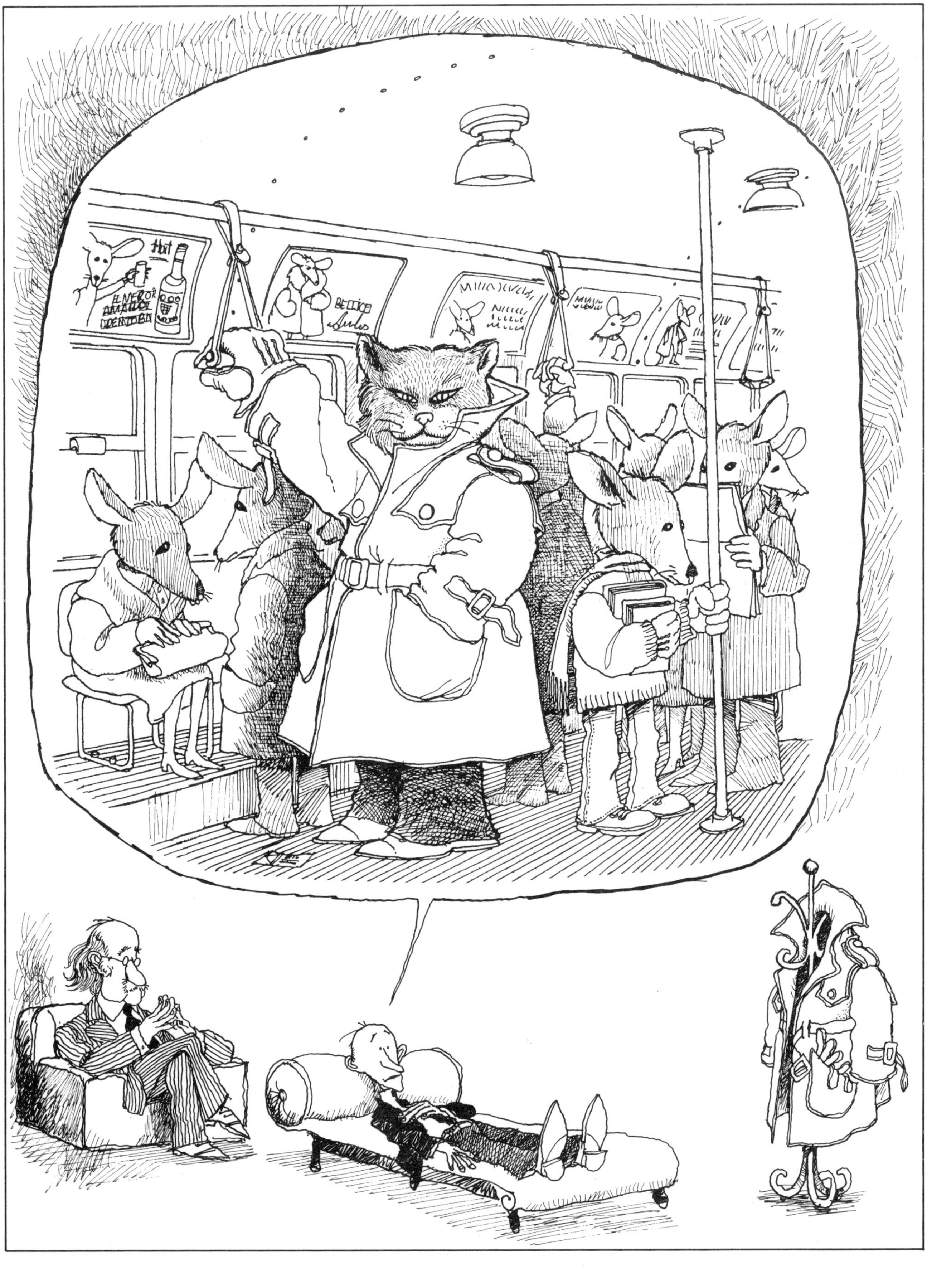

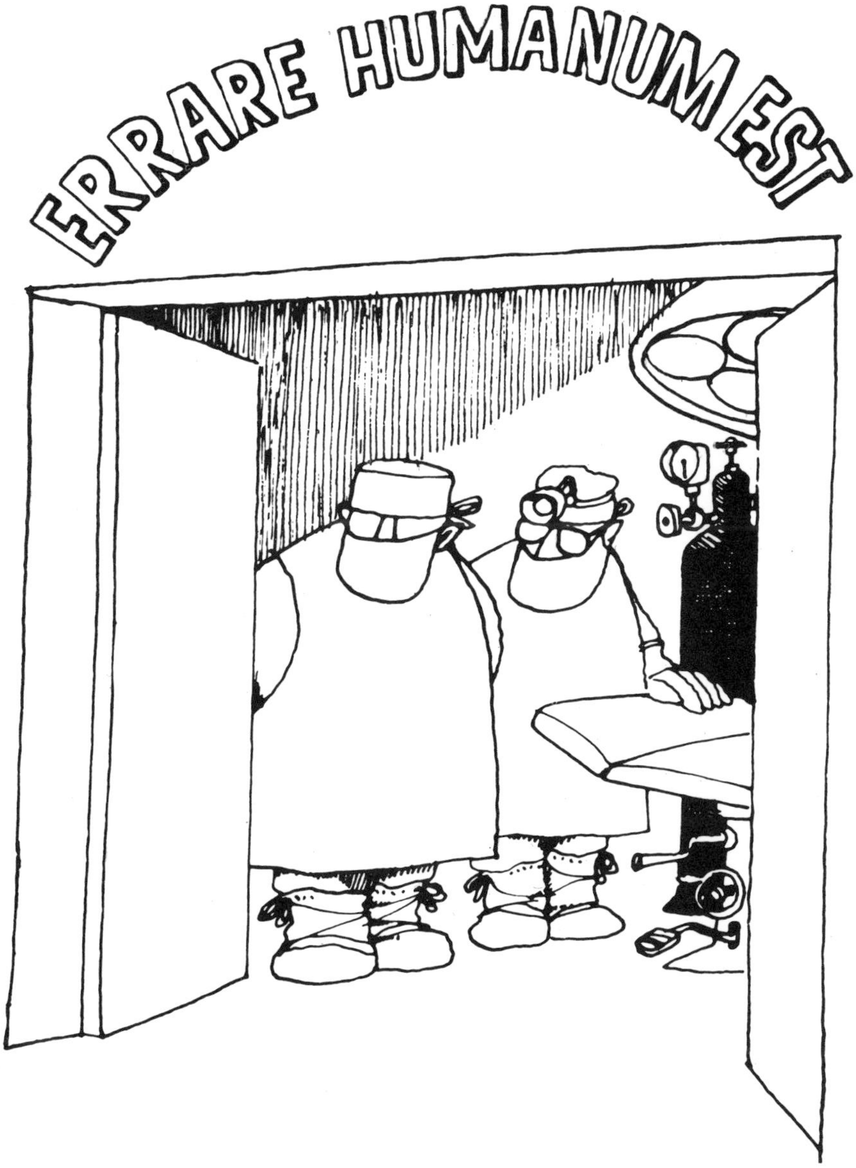
ERRARE HUMANUM EST

Impreso en **GRÁFICA GUADALUPE**, Av. San Martín 3773,
B1847EZI Rafael Calzada, Provincia de Buenos Aires,
Argentina, en el mes de septiembre del año 2003.